Ideen zur Jugendliteratur

Tagebuch
Anne Frank

Kopiervorlagen

Herausgegeben von
Ute Fenske, Bernd Schurf
und Andrea Wagener

Erarbeitet von
Ulrike Grützner

Impressum

Redaktion: Daniela Rauthe, Zürich

Bildrecherche: Gabi Sprickerhof
Illustration: Reto Flückiger-Wälchli, Winterthur
Umschlaggestaltung: Klein & Halm Grafikdesign, Berlin, unter Verwendung eines Fotos
 von Anne Frank, © akg-images
Layoutkonzept: Katharina Wolff-Steininger
Layout und technische Umsetzung: Ines Schiffel, Berlin

www.cornelsen.de

Die Internetadressen und -dateien, die in diesem Lehrwerk angegeben sind, wurden vor Drucklegung geprüft. Der Verlag übernimmt keine Gewähr für die Aktualität und den Inhalt dieser Adressen und Dateien oder solcher, die mit ihnen verlinkt sind.

Dieses Werk berücksichtigt die Regeln der reformierten Rechtschreibung und Zeichensetzung.

1. Auflage, 1. Druck 2011

© 2011 Cornelsen Verlag, Berlin

Das Werk und seine Teile sind urheberrechtlich geschützt.
Jede Nutzung in anderen als den gesetzlich zugelassenen Fällen bedarf
der vorherigen schriftlichen Einwilligung des Verlages.
Hinweis zu den §§ 46, 52a UrhG: Weder das Werk noch seine Teile dürfen ohne eine
solche Einwilligung eingescannt und in ein Netzwerk eingestellt oder sonst öffentlich
zugänglich gemacht werden.
Dies gilt auch für Intranets von Schulen und sonstigen Bildungseinrichtungen.
Die Kopiervorlagen dürfen für den eigenen Unterrichtsgebrauch
in der jeweils benötigten Anzahl vervielfältigt werden.

Druck: H. Heenemann, Berlin

ISBN 978-3-06-061333-5

 Inhalt gedruckt auf säurefreiem Papier aus nachhaltiger Forstwirtschaft.

Inhalt

Vorwort 4

EINSTIEG
Das Tagebuch der Anne Frank – Erste Eindrücke sammeln 5

INHALTSSICHERUNG
Anne Frank stellt sich vor – Einen Lebenslauf erarbeiten (Teil 1) 6
Anne Frank stellt sich vor – Einen Lebenslauf erarbeiten (Teil 2) 7
Die Nationalsozialisten an der Macht – Einen Zeitstrahl anlegen (Teil 1) 8
Die Nationalsozialisten an der Macht – Einen Zeitstrahl anlegen (Teil 2) 9

DIE MENSCHEN IM HINTERHAUS
Anne Frank – Ihre Selbstaussagen auswerten 10
Äußerungen über Anne Frank – Ein Porträt verfassen (Teil 1) 11
Äußerungen über Anne Frank – Ein Porträt verfassen (Teil 2) 12
Die Bewohner des Hinterhauses – Personen charakterisieren (Teil 1) 13
Die Bewohner des Hinterhauses – Personen charakterisieren (Teil 2) 14
Die Helferinnen und Helfer – Eine Danksagung formulieren 15
Die Familie Frank – Eine Theaterszene entwickeln und spielen 16
Anspruch und Realität – Annes Sicht auf ihre Mutter untersuchen 17
Anne und Peter – Standbilder bauen und auswerten (Teil 1) 18
Anne und Peter – Standbilder bauen und auswerten (Teil 2) 19

DAS GESCHEHEN UND DER ORT DES GESCHEHENS
Das Hinterhaus – Das Versteck beschreiben (Teil 1) 20
Das Hinterhaus – Das Versteck beschreiben (Teil 2) 21
Leitfaden vom Hinterhaus – Den Alltag kennen lernen 22
Eindrücke vom Krieg – Annes Äußerungen verstehen 23
Der Verrat – Das Schicksal der Untergetauchten verfolgen (Teil 1) 24
Der Verrat – Das Schicksal der Untergetauchten verfolgen (Teil 2) 25

ANNE FRANK IN IHRER ZEIT
Zwei Mädchen jüdischer Herkunft – Lebensweisen vergleichen 26
Auschwitz – Einen Sachtext und Annes Briefe in Beziehung setzen (Teil 1) 27
Auschwitz – Einen Sachtext und Annes Briefe in Beziehung setzen (Teil 2) 28
Ideale auf dem Prüfstand – Eine Diskussion durchführen 29

PRODUKTION UND REZEPTION
Schreiben – Die Funktion des Tagebuchs erarbeiten (Teil 1) 30
Schreiben – Die Funktion des Tagebuchs erarbeiten (Teil 2) 31
Zur Entstehung des Tagebuchs – Informationen visualisieren (Teil 1) 32
Zur Entstehung des Tagebuchs – Informationen visualisieren (Teil 2) 33
Original oder Überarbeitung? – Zwei Fassungen vergleichen (Teil 1) 34
Original oder Überarbeitung? – Zwei Fassungen vergleichen (Teil 2) 35
Die „Anne-Frank-Industrie" – Stellung nehmen 36
Anne Frank und ihr Tagebuch – Einen informierenden Text schreiben 37

VORSCHLÄGE FÜR KLASSENARBEITEN
Klassenarbeit 1: Einen Text produktiv umschreiben 38
Klassenarbeit 2: Einen literarischen Text untersuchen 39

Didaktischer Kommentar und Lösungen 40

Vorwort

Über das Tagebuch

Zu ihrem 13. Geburtstag erhielt Anne Frank ihr erstes Tagebuch*. Darin schreibt sie bis zum 1. August 1944 in Form von Briefen von den Erlebnissen, Gedanken und Vorstellungen einer Heranwachsenden unter dem Eindruck von Krieg, Besetzung und Verfolgung. Den größten Teil der Einträge verfasste sie im Hinterhaus der Prinsengracht 257 in Amsterdam, wo sie sich mit ihrer Familie und vier weiteren Personen vor dem staatlichen Zugriff der Nationalsozialisten und ihrer Politik der „Endlösung" versteckt hielt.

Anne Frank wurde am 12. Juni 1929 in Frankfurt am Main geboren. Ihr Vater, Otto Frank, jüdischer Herkunft, war Geschäftsmann, 1933 emigrierte er vor der Verfolgung durch die Nationalsozialisten mit seiner Familie in die Niederlande und baute dort sein Geliermittelgeschäft „Opekta" auf. Ab 1940 erlebte Anne die ersten Maßnahmen gegen Juden. In ihrem Tagebuch informiert sie über diese Ereignisse und den Alltag in der väterlichen Firma ebenso wie über das Leben im Hinterhaus oder ihre Sorgen und Gedanken um die Sicherheit und Gesundheit ihrer Helfer, die sie regelmäßig mit Lebensmitteln und den neuesten Nachrichten, u. a. von den stattfindenden Transporten in die Konzentrationslager, versorgten. In dieser Zeit wächst das Mädchen Anne zu einer jungen Frau mit eigenen Idealen, Vorstellungen, Gedanken und beruflichen Zielen heran. Zu Peter, dem etwa gleichaltrigen Sohn der van Daans, entwickelt sich eine intensive Beziehung.

1944 wurden die Versteckten verraten, verhaftet und abtransportiert; nur Annes Vater Otto Frank überlebte den Holocaust. Ihre nicht verhaftete Helferin Miep Gies hatte Annes Tagebücher an sich genommen und übergab sie Otto Frank bei seiner Rückkehr nach Amsterdam. Dieser bereitete das Tagebuch zur Publikation vor.

Das Tagebuch der Anne Frank ist ein authentisches Zeugnis der menschenverachtenden Politik des Nationalsozialismus. Das Medium Tagebuch spricht Schülerinnen und Schüler nachhaltig an, denn Annes Gedanken, Vorstellungen und Ideale bieten ein Angebot zur Identifizierung im Sinne der Entwicklung eigener Selbstständigkeit und einer eigenen selbstbewussten Persönlichkeit. Annes Briefe verdeutlichen nachhaltig ihre Sehnsucht nach Frieden und ihren Glauben an die Toleranz der Religionen und führen den Schülerinnen und Schülern die Aktualität dieser Fragestellungen anschaulich vor Augen. Annes Schreibstil besticht durch Humor, gepaart mit einem optimistischen Grundton, unterhaltend durch den Blick der Schauspielerin, die mit scharfer Beobachtungsgabe, Fleiß und Geduld vom Alltag im Hinterhaus erzählt. Die Lektüre des Tagebuchs ermöglicht Schülerinnen und Schülern der 8. Jahrgangsstufe den Einblick in den Alltag einer Gleichaltrigen unter den Bedingungen des Krieges und der nationalsozialistischen Diktatur und motiviert damit zur Reflexion der Bedingungen für Frieden und Demokratie.

Zur Reihe

Das vorliegende Heft ist Teil einer Reihe mit kopierfähigen Arbeitsblättern zu klassischen und aktuellen Jugendbüchern, die sich als Lektüre für die Jahrgangsstufen der Sekundarstufe I eignen.

Das Reihenkonzept geht davon aus, dass die Schülerinnen und Schüler den Roman im Unterricht oder zu Hause ganz lesen. Die Kopiervorlagen sollen die Erarbeitung im Unterricht begleiten. Die Zusammenstellung der Arbeitsblätter berücksichtigt dabei unterschiedliche Phasen der Erarbeitung im Unterricht. Die Hefte der Reihe sind somit gleich aufgebaut: Sie enthalten Arbeitsblätter zum Einstieg in die Lektüre, zu wichtigen Aspekten der Textanalyse (wie Inhaltssicherung, Figuren, Handlung, thematische Aspekte, Erzählweise, Stil, Sprache) und zur Textrezeption. Zur Erleichterung der Unterrichtsvorbereitung für die Lehrerinnen und Lehrer werden Klassenarbeitsvorschläge angeboten, die Arbeitsblätter didaktisch kommentiert und Lösungsvorschläge gemacht.

Die Arbeitsblätter haben Doppelüberschriften, deren zweiter Teil sich an zentralen Kompetenzen orientiert und den Lehrkräften Auskunft über die konkreten Operatoren gibt, die durchgeführt werden sollen. Die Aufgabenstellungen berücksichtigen sowohl textanalytische als auch handlungsorientierte und produktiv-gestaltende Verfahren. Mit Piktogrammen gekennzeichnete Aufgaben ermöglichen auch kooperatives Arbeiten. Zusatzaufgaben, die sich zur Binnendifferenzierung eignen, sind optisch hervorgehoben: ❹.

Die Hefte der Reihe „Ideen zur Jugendliteratur – Kopiervorlagen" sind terminologisch und methodisch auf das „Deutschbuch" abgestimmt.

---

* Die Seitenangaben beziehen sich auf folgende Ausgabe: Anne Frank: Tagebuch. Fassung von Otto H. Frank und Mirjam Pressler. Aus dem Niederländischen von Mirjam Pressler. 16. Aufl. Frankfurt/M.: Fischer Taschenbuch Verlag 2010 © S. Fischer Verlag, Frankfurt/M. 1988.

Einstieg

Das Tagebuch der Anne Frank – Erste Eindrücke sammeln

Das Tagebuch der Anne Frank ist weltberühmt und bewegte und bewegt immer wieder seine Leserinnen und Leser. Es wurde in mehr als 60 Sprachen übersetzt und in über 25 Millionen Exemplaren verbreitet. Anne Franks Leben wurde verfilmt und auf der Bühne präsentiert.

1 a) Notiere deine ersten Leseeindrücke zu Anne Franks Tagebuch.

_____

_____

b) Sammle in dem Cluster Gründe dafür, warum das Tagebuch lesenswert ist.

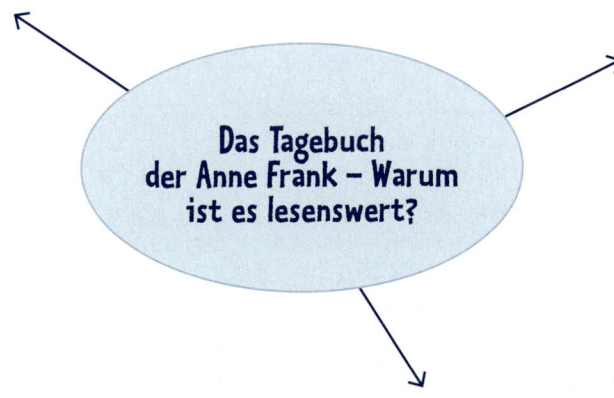

c) Tauscht euch zu zweit aus und ergänzt gegebenenfalls weitere Aspekte.

2 Untersucht in Partnerarbeit Stimmen zum Tagebuch der Anne Frank. Lest die folgenden Äußerungen und notiert daneben, welcher Aspekt jeweils hervorgehoben wird.

> Ich finde es toll, dass Anne als kleines Mädchen so stark war. Sie wird immer einen Platz in meinem Herzen haben. (Monique, 7. Klasse)

> Heutzutage könnte ich mir nicht vorstellen, mit so vielen Leuten auf so engem Raum zu leben. Das Tagebuch bewirkt, dass die Menschen das Leben dort, Annes Gedanken und Gefühle nachvollziehen können. (Christian, 7. Klasse)

> Ich fand es schrecklich zu hören, was damals mit den Juden gemacht wurde. Nur weil ein Mensch einen anderen Glauben hat, kann man ihn doch nicht gleich umbringen! (Geena, 7. Klasse)

> Ich begann, langsam zu lesen, nur wenige Seiten pro Tag, mehr wäre unmöglich gewesen, weil die Erinnerungen mich überwältigten. [...] Ich lernte eine Anne kennen, die völlig anders war als das Kind, das ich verloren hatte. Ich hatte nichts von der Tiefe ihrer Gedanken und Gefühle geahnt. (Otto Frank, Vater Anne Franks, übersetzt nach Carol Ann Lee: Roses from the Earth. The Biography of Anne Frank, Penguin Books LTD: Harmondsworth, Middlesex, England, 1999, S. 216)

3 Formuliere eine kurze, begründete Empfehlung für das Tagebuch der Anne Frank.
Tipp: Eine Leseempfehlung führt ein oder zwei konkrete Gründe an, die neugierig machen auf die Lektüre.

Inhaltssicherung

Anne Frank stellt sich vor – Einen Lebenslauf erarbeiten (Teil 1)

1 *Verschaff dir ausgehend von Anne Franks Tagebucheintrag vom 20. Juni 1942 einen ersten Überblick über wichtige biografische Daten.*
a) Unterstreiche die jeweils genannten Jahreszahlen sowie die dazugehörigen Ereignisse.
b) Markiere mit einer weiteren Farbe Angaben zur historischen Situation.

Samstag, 20. Juni 1942
[...] Weil niemand das, was ich Kitty erzähle, verstehen würde, wenn ich so mit der Tür ins Haus falle, muss ich, wenn auch ungern, kurz meine Lebensgeschichte wiedergeben.

Mein Vater, der liebste Schatz von einem Vater, den ich je getroffen habe, heiratete erst mit 36 Jahren meine Mutter, die damals 25 war. Meine Schwester Margot wurde 1926 in Frankfurt am Main geboren, in Deutschland. Am 12. Juni 1929 folgte ich. Bis zu meinem vierten Lebensjahr wohnte ich in Frankfurt. Da wir Juden sind, ging dann mein Vater 1933 in die Niederlande. Er wurde Direktor der Niederländischen Opekta Gesellschaft zur Marmeladeherstellung. Meine Mutter, Edith Frank-Holländer, fuhr im September auch nach Holland, und Margot und ich gingen nach Aachen, wo unsere Großmutter wohnte. Margot ging im Dezember nach Holland und ich im Februar, wo ich als Geburtstagsgeschenk für Margot auf den Tisch gesetzt wurde.

Ich ging bald in den Kindergarten der Montessorischule. Dort blieb ich bis sechs, dann kam ich in die erste Klasse. In der 6. Klasse kam ich zu Frau Kuperus, der Direktorin. Am Ende des Schuljahres nahmen wir einen herzergreifenden Abschied voneinander und weinten beide, denn ich wurde am Jüdischen Lyzeum angenommen, in das Margot auch ging.

Unser Leben verlief nicht ohne Aufregung, da die übrige Familie in Deutschland nicht von Hitlers Judengesetzen verschont blieb. Nach den Pogromen 1938 flohen meine beiden Onkel, Brüder von Mutter, nach Amerika, und meine Großmutter kam zu uns. Sie war damals 73 Jahre alt.

Ab Mai 1940 ging es bergab mit den guten Zeiten: erst der Krieg, dann die Kapitulation, der Einmarsch der Deutschen, und das Elend für uns Juden begann. Judengesetz folgte auf Judengesetz, und unsere Freiheit wurde sehr beschränkt. Juden müssen einen Judenstern tragen; Juden müssen ihre Fahrräder abgeben; Juden dürfen nicht mit der Straßenbahn fahren; Juden dürfen nicht mit einem Auto fahren, auch nicht mit einem privaten; Juden dürfen nur von 3–5 Uhr einkaufen; Juden dürfen nur zu einem jüdischen Frisör; Juden dürfen zwischen 8 Uhr abends und 6 Uhr morgens nicht auf die Straße; Juden dürfen sich nicht in Theatern, Kinos und an anderen dem Vergnügen dienenden Plätzen aufhalten; Juden dürfen nicht ins Schwimmbad, ebenso wenig auf Tennis-, Hockey- oder andere Sportplätze; Juden dürfen nicht rudern; Juden dürfen in der Öffentlichkeit keinerlei Sport treiben; Juden dürfen nach acht Uhr abends weder in ihrem eigenen Garten noch bei Bekannten sitzen; Juden dürfen nicht zu Christen ins Haus kommen; Juden müssen auf jüdische Schulen gehen und dergleichen mehr. So ging unser Leben weiter, und wir durften dies nicht und das nicht. Jacque sagt immer zu mir: „Ich traue mich nichts mehr zu machen, ich habe Angst, dass es nicht erlaubt ist."

Im Sommer 1941 wurde Oma sehr krank. Sie musste operiert werden, und aus meinem Geburtstag wurde nicht viel. Im Sommer 1940 auch schon nicht, da war der Krieg in den Niederlanden gerade vorbei. Oma starb im Januar 1942. Niemand weiß, wie oft ich an sie denke und sie noch immer lieb habe. Dieser Geburtstag 1942 ist dann auch gefeiert worden, um alles nachzuholen, und Omas Kerze stand daneben.

Uns vieren geht es noch immer gut, und so bin ich dann bei dem heutigen Datum angelangt, an dem die feierliche Einweihung meines Tagebuchs beginnt, dem 20. Juni 1942.

Anne Frank: Tagebuch. Fassung von Otto H. Frank und Mirjam Pressler. Aus dem Niederländischen von Mirjam Pressler. 16. Aufl. Frankfurt/M.: Fischer Taschenbuch Verlag 2010, S. 20 f. © S. Fischer Verlag, Frankfurt/M. 1988

Inhaltssicherung

Anne Frank stellt sich vor – Einen Lebenslauf erarbeiten (Teil 2)

2 a) Vervollständige mit Hilfe der in Aufgabe 1 erarbeiteten Lebensdaten die Zeitleiste.
b) Ordne die Familienfotos zeitlich ein, indem du eine Linie zur passenden Jahreszahl ziehst.
c) Vergleiche deine Ergebnisse mit denen deiner Partnerin oder deines Partners.

1926 _____
_____

12. Juni 1929 _____
_____

1933 _____
_____

Februar 1934 _____
_____

1935 _Einschulung_____

1938 _____
_____

Sommer 1940 _____
_____

1941 _____
_____

Januar 1942 _____
_____

20. Juni 1942 _____
_____

Foto: Anne Frank Fonds, Basel/Anne Frank House/Kontributor; Getty Images

Foto: Anne Frank Fonds, Basel/Anne Frank House/Kontributor; Getty Images

Foto: Everett Collection

3 Beschreibe knapp die Situation, in der Anne mit dem Verfassen ihres Tagebuchs beginnt.

_____
_____
_____

Inhaltssicherung

Die Nationalsozialisten an der Macht – Einen Zeitstrahl anlegen (Teil 1)

1 a) Lest den folgenden Sachtext über den Nationalsozialismus und klärt in Kleingruppen Begriffe oder Sätze, die ihr nicht versteht.
b) Markiert die im Text genannten Daten.
c) Legt daneben einen Zeitstrahl für die Zeit von Januar 1933 bis zum 8. Mai 1945 an. Notiert zuerst die von euch markierten Daten und ergänzt dann stichwortartig, was jeweils geschehen ist.
d) Vergleicht eure Ergebnisse im Plenum und korrigiert sie gegebenenfalls.

Über den Nationalsozialismus

Von 1933 bis 1945 waren in Deutschland die Nationalsozialisten an der Macht. Ihr Führer Adolf Hitler versprach den Menschen eine bessere Zukunft ohne Hunger und Arbeitslosigkeit.
5 Die Schuldigen für die damals schlechte Situation sah er z. B. in den Juden. Der englische Naturwissenschaftler Charles Darwin beschrieb 1859, dass sich alle Lebewesen auf der Erde vom Niederen zum Höheren entwickeln, und zwar durch natürliche Auslese: Wer sich der Natur am bes-
10 ten anpasste, überlebte. Der Franzose Gobineau behauptete daraufhin den Vorrang der weißen Rasse vor allen anderen Rassen, sah den „Arier" als Schöpfer jeder höheren Kultur und zugleich vom Aussterben bedroht. Hitler stempelte nun die Juden zu Untermenschen und erhob den
15 Kampf gegen die Juden zum politischen Programm.
1933 begann die wirtschaftliche und soziale Ausgrenzung der jüdischen Menschen: Am 1. April wurde dazu aufgerufen, nicht mehr bei Juden einzukaufen, am 7. April wurde der so genannte „Arierparagraf" eingeführt. Demnach
20 durften nur noch Menschen „arischer" Abstammung als Beamte, Ärzte oder Rechtsanwälte arbeiten oder eine Firma leiten.
Die Nürnberger Rassengesetze vom 15. September 1935 verboten Mischehen zwischen so genannten Ariern und
25 Nichtariern.
Schritt für Schritt wurde der Bewegungsspielraum der jüdischen Menschen eingeschränkt. Ab 15. November 1938 war jüdischen Kindern der Besuch einer öffentlichen Schule untersagt. Ab 12. November 1938 wurde Juden der
30 Besuch von Kinos, Theatern, Kabaretts, öffentlichen Konzert- und Vortragsräumen, Museen, Rummelplätzen, Ausstellungshallen und Ähnlichem verboten. Sportplätze, Eisbahnen, öffentliche und private Badeanstalten und Hallenbäder waren ihnen verschlossen. Schließlich wur-
35 den jüdische Studenten von Universitäten und Hochschulen verwiesen. Um jüdische Mitmenschen äußerlich von anderen unterscheiden zu können, waren ihre Kleidungsstücke ab 1. September 1941 mit einem gelben Stern zu kennzeichnen. Ab 17. August 1938 mussten Juden
40 einen weiteren Vornamen tragen, der sie nunmehr auch im Pass deutlich als Juden auswies: Männliche Personen erhielten den Namen ISRAEL, weibliche Personen den Namen SARA. Ab 5. Oktober 1938 waren die alten Reisepässe abzuliefern, neu ausgestellte enthielten den Aufdruck „J"
45 für Jude.

Januar 1933 Beginn des Nationalsozialismus, Ausgrenzung der Juden

Inhaltssicherung

Die Nationalsozialisten an der Macht – Einen Zeitstrahl anlegen (Teil 2)

Am 9. November 1938 wurden in ganz Deutschland Synagogen und jüdische Geschäfte von den Nationalsozialisten angezündet. Die finanziellen Schäden dieser so genannten Reichskristallnacht hatten die Betroffenen selbst zu tragen.
Die Nationalsozialisten verhafteten jüdische Menschen und verschleppten sie in Konzentrationslager, wo sie gedemütigt, verprügelt, psychisch gebrochen und getötet wurden. Tausende Juden wanderten aus, weil sie die Vorgänge folgerichtig als den Beginn eines Krieges gegen sie selbst begriffen.
Mit Beginn des Zweiten Weltkrieges am 1. September 1939 wurde der Handlungsspielraum der Juden weiter eingeschränkt: mit einer nächtlichen Ausgangssperre im Winter nach 20 Uhr, im Sommer nach 21 Uhr. Ihre Lebensmittelkarten durften Juden nur noch in bestimmten Geschäften einlösen, wobei sie nur geringe Mengen an Nahrungsmitteln erhielten und diese Rationen im Laufe des Winters 1939/40 immer weiter gekürzt wurden. Am 20. September 1939 wurden ihre Radiogeräte eingezogen, am 23. Januar 1940 ihre Kleiderkarten. Ab Juli 1940 wurden die Einkaufszeiten für Juden auf 16 bis 17 Uhr beschränkt. Zum 29. Juli wurden ihre Telefonanschlüsse gekündigt.
Am 15. Mai 1940 kapitulierten die Niederlande vor den Nationalsozialisten. Arthur Seiß-Inquart übernahm die Regierung des eroberten Gebietes und setzte die Politik der Ausgrenzung dort Schritt für Schritt fort. Am 29. Juni 1942 begann die Deportation der niederländischen Juden in deutsche Arbeitslager.
Nach der Schlacht um Stalingrad im Winter 1942/43 wurde langsam deutlich, dass Deutschland den Krieg verlieren würde. Nach dem Kriegseintritt der Alliierten, also der Armeen von Frankreich, England und den USA, waren am 5. Mai 1945 die Niederlande vollständig befreit. Am 8. Mai 1945 endete der Zweite Weltkrieg mit der bedingungslosen Kapitulation der Nationalsozialisten in Berlin-Karlshorst.

↓ 8. Mai 1945

2 *Erkläre, weshalb sich Anne Frank von 1942 bis 1944 versteckt hielt.*

_____

_____

_____

_____

_____

Die Menschen im Hinterhaus

Anne Frank – Ihre Selbstaussagen auswerten

1 *Anne äußert sich in vielen Briefen über sich selbst und ihr eigenes Verhalten. Beantworte zunächst für dich folgende Fragen:*
a) *Was findest du gut an ihrer Art der Selbstbeschreibung?*

_____

_____

_____

b) *Was fasziniert dich daran?*

_____

_____

_____

c) *Was stört dich, was hältst du für kritisch?*

_____

_____

_____

2 *Lies folgende Briefe und markiere jeweils Annes Aussagen über sich selbst. Notiere hier in Stichworten, wie sich Anne charakterisiert.*

12. Juni 1942 (S. 11) _____

20. Juni 1942 (S. 21 f.) _____

2. Januar 1944 (S. 157 f.) _____

7. März 1944 (S. 202 ff.) _____

17. März 1944 (S. 213 f.) _____

25. März 1944 (S. 228 f.) _____

5. April 1944 (S. 237 ff.) _____

6. April 1944 (S. 240 f.) _____

11. April 1944 (S. 241 ff.) _____

6. Juli 1944 (S. 301 f.) _____

15. Juli 1944 (S. 306 ff.) _____

3 *Beschreibe in deinem Heft die Entwicklung, die Anne an sich selbst wahrnimmt.*

Die Menschen im Hinterhaus

Äußerungen über Anne Frank – Ein Porträt verfassen (Teil 1)

> **TIPP**
>
> In einem **Porträt** beschreibt man wesentliche Eigenschaften einer Person wie die äußere Erscheinung und typische Charaktereigenschaften. Dabei wird auch von Handlungen oder Lebenssituationen erzählt, die kennzeichnend sind.

1 *Im Folgenden äußern sich verschiedene Personen zu Anne Frank. Verschafft euch arbeitsteilig in Vierergruppen einen Überblick. Geht dazu so vor:*
- *Verteilt die vier Texte untereinander und markiert jede/r für sich in ihrem/seinem Text wesentliche Aussagen zu Anne Frank. Macht euch auf einem separaten Blatt Notizen.*
- *Informiert euch in eurer Gruppe über eure Ergebnisse und stellt zusammen, was ihr über Anne Frank erfahren habt.*

Annes Vater, Geburtstagsvers zum 13. Juni 1943

Als Jüngste von allen und doch nicht mehr klein
Hast du es nicht leicht; ein jeder will sein
Ein bisschen dein Lehrer, dir oft zur Pein!
„Wir haben Erfahrung! – Nimm's von mir an."
5 „Wir haben so was schon öfter getan
Und wissen besser, was einer kann oder mag."
Ja, ja, so geht es seit Jahr und Tag.
Die eignen Fehler wiegen nicht schwer,
Doch die der anderen umso mehr.
10 Oft wirst du ermahnt, musst vieles hören,
Gar manches wird dich sicher stören.
Doch können nicht immer dir Recht wir geben.
Nachgiebig muss man sein im Leben.
Und um des lieben Friedens willen
Schluckt manches man wie bittre Pillen. 15
Das Lebensjahr, das nun beendet,
Hast du sehr nützlich angewendet,
Durch Lernen, Arbeit und viel Lesen
Ist's doch nie „langweilig" gewesen.
Und nun zur Kleidung: Ich höre dich fragen: 20
Was kann ich eigentlich noch tragen?
Mein Kleid, mein Rock, alles zu kurz,
Mein Hemd nur noch ein Lendenschurz.
Und dann die Schuhe, es ist nicht zu sagen,
Wie viele Schmerzen mich da plagen. 25
Ja, wächst man auch zehn Zentimeter,
Passt nichts mehr, das versteht ein jeder!

Anne Frank: Tagebuch. Fassung von Otto H. Frank und Mirjam Pressler. Aus dem Niederländischen von Mirjam Pressler. 16. Aufl. Frankfurt/M.: Fischer Taschenbuch Verlag 2010, S. 110 © S. Fischer Verlag, Frankfurt/M. 1988

Annes Biografin Melissa Müller

Anne Frank war nicht leicht zufrieden zu stellen. Unentwegt brauchte das lebhafte Mädchen die Aufmerksamkeit ihrer Umwelt – so jedenfalls empfanden es ihre Eltern. Immer wollte sie dazulernen, 5 stellte Frage um Frage – und ließ sich nicht mit halben Antworten abspeisen. Auf ihr „Warum" erwartete sie ausführliche Zuwendung, sonst war sie tief gekränkt. Anne konnte ein Quälgeist sein. Doch wenn sie den Kopf schief legte, ihren Blick senkte, 10 ihr verschmitztes, nur scheinbar verschämtes Lächeln aufsetzte und einen bedeutungsvollen Augenaufschlag inszenierte, dann konnte ihr niemand widerstehen, am wenigsten ihr Vater. Neugierde, Abenteuerlust und Humor blitzten aus ihren gro-15 ßen, grünbraunen Augen, [...]. Unentwegt wollte sie etwas erleben, Menschen um sich und Spaß haben. Sonst wurde sie zappelig. Ging ihr etwas gegen den Strich, konnte ihre Stimmung augenblicklich umschlagen. Dann meldete sich der Dickkopf in ihr und sie versuchte, ihren Willen mit zornigen Trä-20 nen durchzusetzen. [...]
[Seit 1934 besuchte Anne den Kindergarten der Montessorischule.] Anne hatte in kürzester Zeit zahlreiche Freunde gefunden. Sie war beliebt, denn sie verbreitete gute Laune. In der Regel war sie zu 25 Späßen aufgelegt, regte lustige Spiele an, fand immer Grund zu kichern und zu tuscheln. Dass sie bestimmend und besitzergreifend war, fiel immer nur dann auf, wenn sie ihren Willen nicht auf Anhieb durchsetzen konnte. 30

Melissa Müller: Das Mädchen Anne Frank. Die Biographie. Mit einem Nachwort von Miep Gies. München: List Taschenbuchverlag 2000, S. 78 f.

Die Menschen im Hinterhaus

Äußerungen über Anne Frank – Ein Porträt verfassen (Teil 2)

Ihre Schulfreundin Hannah Pick-Goslar

Anne liebte Poesie-Alben, in die jeder schreiben musste. Sie hatte sehr viele Freunde. Ich glaube, dass sie mehr Freunde als Freundinnen hatte. Besonders als sie in der sechsten Klasse war und in der ersten Klasse vom Lyzeum. Jungen mochte sie sehr. Und sie fand es immer schön, wenn alle Jungen ihr nachschauten. [...]

Und dann war sie immer mit ihren Haaren beschäftigt. Sie hatte lange Haare und fummelte dauernd mit den Händen in ihren Haaren herum. Ihre Haare haben sie ständig beschäftigt.

Sie hatte auch eine besondere, seltsame Eigenschaft, die ich nie zuvor gesehen hatte. Sie konnte, wann sie wollte, ihre Schultern ausrenken, und sie fand es schrecklich witzig, wenn alle Kinder hinschauten und in Lachen ausbrachen.

Anne war ein kränkliches Mädchen, ich weiß nicht, woran sie litt, denn sie hatte zwar fast nie hohes Fieber, aber sie lag oft zu Hause im Bett. Das dauerte dann einige Tage. Wahrscheinlich war es ein rheumatisches Fieber. Ich besuchte sie dann immer und musste ihr die Hausaufgaben bringen. Aber sie war immer sehr fröhlich.

Sie liebte Geheimnisse und Schwätzen. Und sie sammelte Fotos von Filmstars, wie man noch an den Wänden im Anne-Frank-Haus sehen kann. Dianne Derby und noch einige andere. Das hat mich nie so interessiert. Doch beide sammelten wir Fotos von den Kindern der niederländischen und englischen Königshäuser. Die tauschten wir. Sie fing an zu schreiben, und sie war bereit, jeden Witz mitzumachen.

Anne war ein eigensinniges Mädchen. Sie war sehr hübsch, im Allgemeinen fand jeder sie sehr nett, und sie war immer der Mittelpunkt bei unseren Festen. In der Schule stand sie auch immer im Mittelpunkt. Sie wollte gerne interessant sein, das ist keine schlechte Eigenschaft.

Ich erinnere mich, dass meine Mutter, die sie sehr gern hatte, immer sagte: „Gott weiß alles, aber Anne weiß alles besser."

Willy Lindwer: Anne Frank. Die letzten sieben Monate. Augenzeuginnen berichten. Aus dem Niederländischen von Mirjam Pressler. 11. Aufl. Frankfurt/M.: Fischer Taschenbuch Verlag 2008, S. 29–30

Die Helferin Miep Gies

Sie blickte zweifellos zu ihrer älteren Schwester auf. Was Margot sagte oder tat, nahmen Annes scharfe Augen und ihr rascher Verstand begierig auf. Anne hatte ein echtes schauspielerisches Talent entwickelt. Sie konnte alles und jeden nachahmen, und zwar sehr gut: das Miauen der Katze, die Stimme ihrer Freundin, den strengen Ton ihres Lehrers. Wir mussten über ihre kleinen Darbietungen lachen, weil sie mit ihrer Stimme sehr geschickt umzugehen wusste. Anne genoss es, ein aufmerksames Publikum zu haben und zu sehen, wie wir auf ihre Imitationen und Späße reagierten. [...]

Wir erfuhren, dass Anne gern in Schüleraufführungen mitspielte. Wenn sie von ihren Klassenkameradinnen erzählte, hörte es sich an, als sei jede ihre beste und einzige Freundin. Offensichtlich war sie am liebsten mit Gleichaltrigen zusammen. [...] Gemeinsam unternahmen sie Ausflüge in die Umgebung von Amsterdam und übernachteten dann bei irgendeiner Freundin. Anne ging leidenschaftlich gern ins Kino [...]. Wir unterhielten uns über die Filme, die wir alle gesehen hatten, und über unsere Lieblingsstars. [...]

Edith Frank zog ihre beiden Töchter sehr hübsch an. Sie trugen stets frisch gestärkte und gebügelte Baumwollkleidchen, oft mit handgestickten weißen Leinenkragen. Ihr dunkles Haar war immer frisch gewaschen und glänzend. [...] Otto Frank hatte wohl die Rolle des Geschichtenerzählers in der Familie. Bevor Margot und Anne zu ihren Schularbeiten zurückkehrten, versprach er, später noch auf eine Geschichte zu ihnen zu kommen. Das ließ Annes Gesicht jedes Mal aufleuchten.

Miep Gies: Meine Zeit mit Anne Frank. Deutsch von Liselotte Julius. Bern, München: Scherz Verlag 1989, S. 39–48

2 *Verfass auf der Grundlage eurer Ergebnisse ein Porträt zu Anne Frank. Beziehe auch deine Ergebnisse von S. 8 f. (Arbeitsblatt „Die Nationalsozialisten an der Macht – Einen Zeitstrahl anlegen") mit ein.*

Die Menschen im Hinterhaus

Die Bewohner des Hinterhauses – Personen charakterisieren (Teil 1)

1 *Sammelt in Gruppen anhand der unten aufgelisteten Textauszüge wesentliche Aussagen Anne Franks zu den weiteren im Hinterhaus versteckten Personen:*
  a) *Wähle eine Person aus und mache dir Notizen zum Alter während der Zeit im Versteck, zum zuvor ausgeübten Beruf sowie zu Gewohnheiten und Charaktereigenschaften.*
  b) *Findet euch mit den Schülerinnen und Schülern zusammen, die dieselbe Person gewählt haben, und vergleicht eure Ergebnisse. Ergänzt und korrigiert sie gegebenenfalls.*

Otto Heinrich Frank, geboren 1889, gilt als weltoffen, gebildet und religiös-liberal. 1925 heiratet er Edith Holländer. Nach seiner Offizierszeit im Ersten Weltkrieg ist er im Bankgeschäft seines Vaters tätig, von 1932–1933 als Direktor. In Amsterdam, wohin er 1933 flieht, gründet er einen Geliermittelbetrieb. Von den im Hinterhaus Untergetauchten ist er der einzige Überlebende. 1947 veröffentlicht er Annes Tagebücher. 1953 heiratet er Elfriede Geiringer-Markovits. Er stirbt 1980.

☐ *Lies die Briefe vom 28. September 1942, 13. Juli 1943, 9. August 1943, 24. Dezember 1943.*

Edith Frank, geboren 1900, Tochter eines angesehenen Metallgroßhändlers, heiratet Otto Frank 1925. Ihre Töchter erzieht sie im jüdischen Glauben. Nach der Verhaftung wird sie über Westerbork nach Auschwitz-Birkenau deportiert, wo sie 1945 stirbt.

☐ *Lies die Briefe vom 28. September 1942, 24. Dezember 1943, 6. Januar 1944, 2. März 1944.*

Margot Frank wird als älteste Tochter 1926 geboren. Sie stirbt 1945 in Bergen-Belsen kurz vor Anne an Typhus.

☐ *Lies die Briefe vom 2. September 1942, 27. September 1942, 9. August 1943, 2. März 1944.*

Fritz Pfeffer (Herr Dussel), geboren 1889, führt in Berlin eine Zahnarztpraxis. 1921 heiratet er Vera Bythiner, von der er sich 1933 scheiden lässt. Er erhält das Sorgerecht für den gemeinsamen Sohn Werner. 1938 will Pfeffer mit der Katholikin Charlotte Kaletta und seinem Sohn nach England fliehen, doch nur Werner gelingt dies. Fritz und Charlotte gehen nach Amsterdam, wo Pfeffer als Zahnarzt arbeitet. Nach der Entdeckung wird er über Westerbork und Auschwitz-Birkenau ins KZ Neuengamme gebracht. Dort stirbt er 1944.

☐ *Lies die Briefe vom 19. November 1942, 13. Juli 1943, 1. Mai 1943, 9. August 1943.*

Fotos: Anne Frank Fonds, Basel/Anne Frank House/Kontributor; Getty Images

Die Menschen im Hinterhaus

Die Bewohner des Hinterhauses – Personen charakterisieren (Teil 2)

Hermann van Pels (Herr van Daan), geboren 1890, der ein Unternehmen für Fleischereibedarfsartikel geführt hat, flieht 1937 mit seiner Familie in die Niederlande, wo er 1938 als Gewürzfachmann von Otto Frank angestellt wird. Er wird 1944 in Auschwitz-Birkenau vergast.

☐ *Lies die Briefe vom 28. September 1942, 10. Dezember 1942, 9. August 1943, 2. März 1944.*

Auguste van Pels (Frau van Daan), geboren 1890, wird nach der Entdeckung über Auschwitz-Birkenau, Bergen-Belsen und Buchenwald nach Theresienstadt deportiert. Es wird vermutet, dass sie in der Nähe von Theresienstadt 1945 ums Leben kommt.

☐ *Lies die Briefe vom 2. September 1942, 27. September 1942, 28. September 1942, 9. August 1943.*

Peter van Pels (van Daan), geboren 1926, stirbt im KZ Mauthausen kurz vor der Befreiung durch die Amerikaner im Mai 1945.

☐ *Lies die Briefe vom 2. September 1942, 9. August 1943, 6. Januar 1944, 2. März 1944, 13. Juni 1944.*

Fotos: Anne Frank Fonds, Basel/Anne Frank House/Kontributor; Getty Images

2 *Charakterisiere die von dir gewählte Person schriftlich. Beachte, dass die Person im Tagebuch aus Annes Sicht beschrieben wird.*

 3 *Hängt die Charakterisierungen auf und informiert euch anhand dieser Texte über sämtliche im Versteck lebenden Personen.*

TIPP

Eine **Charakterisierung** informiert über wichtige Eigenschaften einer Person oder literarischen Figur und kann folgendermaßen aufgebaut werden:
☐ vom Äußeren (Erscheinung, Kleidung, Körperhaltung usw.)
☐ über das Verhalten (z. B. in besonderen Situationen, im Umgang mit anderen Menschen)
☐ zum Inneren (den Gedanken und Gefühlen, den Einstellungen, Absichten, Plänen usw.).
Tempus der Charakterisierung ist das Präsens.

Die Menschen im Hinterhaus

Die Helferinnen und Helfer – Eine Danksagung formulieren

TIPP

Eine **Danksagung** dient dazu, einer Person für ihre Taten Dank auszusprechen. Zu Beginn werden der Anlass und der Inhalt der Danksagung mitgeteilt. Im Hauptteil sollte die im Mittelpunkt stehende Person benannt, kurz charakterisiert und ihre Leistung hervorgehoben werden. Das Besondere im Handeln der Person wird zum Schluss betont.

1 *Bereite eine Danksagung für die Helferinnen und Helfer der Untergetauchten vor, indem du in den folgenden Kurzbiografien wichtige Aussagen unterstreichst.*

Miep Gies, geb. Santrouschitz, wurde 1909 in Wien geboren und nach dem Ersten Weltkrieg zu Pflegeeltern in die Niederlande gebracht. Sie war Büroangestellte in Otto Franks Firma. 1941 heiratete sie Jan Gies. Sie gilt als großes Organisationstalent und kümmerte sich um die Versorgung der Untergetauchten mit Lebensmitteln. Nach der Entdeckung der Versteckten fand Miep Gies Annes Tagebücher, die sie Otto Frank nach dessen Rückkehr 1945 überreichte. Mit Alison Gold veröffentlichte sie 1987 das Buch „Meine Zeit mit Anne Frank". In den 90er-Jahren wurde sie für ihr Engagement geehrt. Sie verstarb im Januar 2010.

Elisabeth van Wijk, geb. Voskuijl, genannt Bep, 1919 geboren, wurde von Otto Frank 1937 als Bürogehilfin angestellt. Sie erledigte für die Untergetauchten vor allem Einkäufe. Nach dem Krieg gab sie ihre Stellung bei Opekta auf und heiratete. Sie starb 1983.

Victor Kugler, 1900 geboren, ebenfalls Angestellter von Otto Frank, übernahm 1940 in der Firma die Position des Direktors, da Otto Frank als Jude die Enteignung drohte. Er war für die Sicherheit der Untergetauchten und für die Leitung des Geschäfts verantwortlich. Am 4. August 1944 wurde er festgenommen, verhört und in verschiedene niederländische Arbeitslager gebracht, von wo er im März 1945 fliehen konnte. Nach dem Tod seiner ersten Frau

o. R. l.: Johannes Kleiman; o. R. r.: Victor Kugler; u. R. l.: Miep Gies, u. R. M.: Otto Frank; u. R. r.: Bep Voskuijl; Fotos: Anne Frank Fonds, Basel/Anne Frank House/Kontributor; Getty Images

heiratete er ein zweites Mal und wanderte 1955 nach Toronto (Kanada) aus. Dort lebte er als Elektriker und Buchhalter. Er starb 1981.

Johannes Kleiman, 1896 geboren, kannte Otto Frank schon seit 1923 und arbeitete mit ihm ab der Gründung der Firma zusammen. Auf Grund seiner Magenblutungen wurde er nach seiner Verhaftung relativ schnell aus dem Lager Amersfoort entlassen. Er führte die Firma Opekta weiter und übernahm sie 1952 ganz. 1959 verstarb er.

2 *Erschließe Annes Sicht auf ihre Helferinnen und Helfer, indem du dir anhand der folgenden Tagebuchauszüge Notizen zu jeder Person machst.*

- ☐ **Miep:** 12. November 1942, 7. Dezember 1942, 11. Juli 1943, 26. Mai 1944
- ☐ **Bep:** 7. Dezember 1942, 11. Juli 1943, 17. November 1943, 25. Mai 1944
- ☐ **Victor Kugler:** 21. August 1942, 26. Mai 1944, 15. März 1944
- ☐ **Johannes Kleiman:** 21. September 1942, 15. Juni 1943, 16. Juli 1943, 25. März 1944, 28. Januar 1944

3 *Verfass in deinem Heft eine Danksagung für die Helferinnen und Helfer Anne Franks.*

Die Menschen im Hinterhaus

Die Familie Frank – Eine Theaterszene entwickeln und spielen

 1 *Gestaltet in Kleingruppen auf der Grundlage des folgenden Tagebucheintrags eine Szene, die die Stimmung in der Familie Frank zum Ausdruck bringt.*
Bereitet euch jede/r für sich vor, indem ihr
- *die wörtliche Rede in Rot markiert,*
- *mögliche Gedanken, die in der Szene herausgearbeitet werden könnten, in Blau und*
- *Formulierungen, die für mögliche Regieanweisungen hilfreich sind, in Grün markiert.*

Liebe Kitty!   Samstag, 30. Oktober 1943
Mutter ist schrecklich nervös, und das ist für mich immer sehr gefährlich. Sollte es Zufall sein, dass Vater und Mutter Margot nie ausschimpfen und ich immer alles abbekomme? Gestern Abend zum Bei-
5 spiel: Margot las ein Buch, in dem prächtige Zeichnungen waren. Sie stand auf und legte das Buch zur Seite, um es später weiterzulesen. Ich hatte gerade nichts zu tun, nahm das Buch und betrachtete die Bilder. Margot kam zurück, sah „ihr" Buch in mei-
10 ner Hand, bekam eine Falte in die Stirn und verlangte es böse zurück. Ich wollte es nur noch kurz weiterbetrachten. Margot wurde immer böser. Mutter mischte sich mit den Worten ein: „Das Buch liest Margot, gib es ihr also."
15 Vater kam ins Zimmer, wusste nicht mal, um was es ging, sah, dass Margot etwas angetan wurde, und fuhr mich an: „Ich würde dich mal sehen wollen, wenn Margot in deinem Buch herumblättern würde!"
20 Ich gab sofort nach, legte das Buch hin und ging, ihrer Meinung nach beleidigt, aus dem Zimmer. Doch ich war weder beleidigt noch böse, wohl aber traurig.
Es war nicht richtig von Vater, dass er geurteilt hat,
25 ohne die Streitfrage zu kennen. Ich hätte das Buch Margot von selbst zurückgegeben, und dazu noch viel schneller, wenn Vater und Mutter sich nicht eingemischt und Margot in Schutz genommen hätten, als würde ihr das größte Unrecht geschehen.

Dass Mutter sich für Margot einsetzt, versteht sich 30 von selbst, die beiden setzen sich immer füreinander ein. Ich bin daran so gewöhnt, dass ich völlig gleichgültig gegen Mutters Standpauken und Margots gereizte Launen geworden bin. Ich liebe sie nur deshalb, weil sie nun einmal Mutter und Margot 35 sind, als Menschen können sie mir gestohlen bleiben. Bei Vater ist das was anderes. Wenn er Margot vorzieht, alle ihre Taten gutheißt, sie lobt und mit ihr zärtlich ist, dann nagt etwas in mir. Denn Vater ist mein Alles, er ist mein großes Vorbild, und ich 40 liebe niemanden auf der Welt außer Vater. Er ist sich nicht bewusst, dass er mit Margot anders umgeht als mit mir. Margot ist nun mal die Klügste, die Liebste, die Schönste und die Beste. Aber ein bisschen Recht habe ich doch auch darauf, ernst genom- 45 men zu werden. Ich war immer der Clown und der Taugenichts der Familie, musste immer für alle Taten doppelt büßen, einmal durch die Standpauken und einmal durch meine eigene Verzweiflung. Die oberflächlichen Zärtlichkeiten befriedigen mich 50 nicht mehr, ebenso wenig die so genannten ernsthaften Gespräche. Ich verlange etwas von Vater, was er mir nicht geben kann. Ich bin nicht neidisch auf Margot, war es nie. Ich begehre weder ihre Klugheit noch ihre Schönheit. Ich würde nur so gerne Vaters 55 echte Liebe fühlen, nicht nur als sein Kind, sondern als Anne-als-sie-selbst. [...]

Anne Frank: Tagebuch. Fassung von Otto H. Frank und Mirjam Pressler. Aus dem Niederländischen von Mirjam Pressler. 16. Aufl. Frankfurt/M.: Fischer Taschenbuch Verlag 2010, S. 141 f. © S. Fischer Verlag, Frankfurt/M. 1988

 2 *Entwerft in Kleingruppen eine Spielvorlage:*
- *Gebt in einer Regieanweisung Hinweise zu Ort, Zeit, handelnden Personen und der Ausgangssituation.*
- *Überlegt, welche Charaktereigenschaften Annes hier deutlich werden.*
- *Erarbeitet den Handlungsablauf in Dialogen.*
  Hinweis: Schreibt die Rollennamen in Großbuchstaben an den linken Zeilenrand, lasst dahinter genug Platz für Angaben zur Sprechweise, Mimik und Gestik.
  Beispiel: **MUTTER gereizt**: Das Buch liest Margot.
- *Schreibt die Szene so weiter, dass Anne ihre Sicht der Dinge in wörtlicher Rede mitteilt, z. B. der Mutter ihre Wut.*

3 *Bereitet die Szene für die Präsentation vor und gestaltet Annes inneren Konflikt dabei ausdrucksvoll.*

Die Menschen im Hinterhaus

Anspruch und Realität – Annes Sicht auf ihre Mutter untersuchen

1 *Untersuche anhand der drei Tagebuchauszüge Annes Beziehung zu ihrer Mutter.*
  a) Markiere wesentliche Aussagen von Anne über ihre Mutter.
  b) Liste auf, was Anne an Edith Frank kritisiert.

Samstag, 30. Oktober 1943

[...] Und doch liegt mir Mutter mit all ihren Mängeln am schwersten auf dem Herzen. Ich weiß nicht, wie ich mich beherrschen soll. Ich kann ihr nicht ihre Schlampigkeit, ihren Sarkasmus und ihre Härte unter die Nase reiben, kann jedoch auch nicht immer die Schuld bei mir finden.
Ich bin das genaue Gegenteil von ihr, und deshalb prallen wir natürlich aufeinander. Ich urteile nicht über Mutters Charakter, denn darüber kann ich nicht urteilen, ich betrachte sie nur als Mutter. Für mich ist sie eben keine Mutter. Ich selbst muss meine Mutter sein. [...] (S. 142)

Freitag, 24. Dezember 1943

[...] Trotz allem, trotz aller Theorien und Bemühungen, vermisse ich jeden Tag und jede Stunde die Mutter, die mich versteht. Und deshalb denke ich bei allem, was ich tue und was ich schreibe, dass ich später für meine Kinder die Mutter sein will, wie ich sie mir vorstelle. Die Mams, die nicht alles so ernst nimmt, was dahingesagt wird, und doch ernst nimmt, was von mir kommt. Ich merke, ich kann es nicht beschreiben, aber das Wort „Mams" sagt schon alles. Weißt du, was ich für einen Ausweg gefunden habe, um doch so etwas wie Mams zu meiner Mutter zu sagen? Ich nenne sie oft Mansa, und davon kommt Mans. Es ist sozusagen die unvollkommene Mams, die ich so gerne noch mit einem Strich am „n" ehren möchte. Zum Glück begreift Mans das nicht, denn sie wäre sehr unglücklich darüber.
Nun ist es genug, mein „zu Tode betrübt" ist beim Schreiben ein bisschen vorbeigegangen! Deine Anne (S. 154 f.)

Liebe Kitty! Donnerstag, 6. Januar 1944

Heute muss ich dir zwei Dinge bekennen, die ziemlich viel Zeit in Anspruch nehmen werden, die ich aber unbedingt irgendjemandem erzählen muss. Das tue ich natürlich am besten bei dir, denn ich bin sicher, dass du immer und unter allen Umständen schweigen wirst.
Das Erste geht um Mutter. Du weißt, dass ich oft über sie geklagt habe und mir dann doch immer wieder Mühe gab, nett zu ihr zu sein. Plötzlich ist mir klar geworden, was ihr fehlt. Mutter hat uns selbst gesagt, dass sie uns mehr als Freundinnen denn als Töchter betrachtet. Das ist natürlich ganz schön, aber trotzdem kann eine Freundin nicht die Mutter ersetzen. Ich habe das Bedürfnis, mir meine Mutter als Vorbild zu nehmen und sie zu achten. Meistens ist sie auch ein Beispiel für mich, aber eben umgekehrt, wie ich es nicht machen soll. Ich habe das Gefühl, dass Margot über das alles ganz anders denkt und es nie begreifen würde. Und Vater weicht allen Gesprächen aus, bei denen es um Mutter gehen könnte.
Eine Mutter stelle ich mir als eine Frau vor, die vor allem viel Takt an den Tag legt, besonders für Kinder in unserem Alter. Nicht wie Mansa, die mich laut auslacht, wenn ich wegen etwas weine, nicht wegen Schmerzen, sondern wegen anderer Dinge. [...] (S. 159)

Anne Frank: Tagebuch. Fassung von Otto H. Frank und Mirjam Pressler. Aus dem Niederländischen von Mirjam Pressler. 16. Aufl. Frankfurt/M.: Fischer Taschenbuch Verlag 2010 © S. Fischer Verlag, Frankfurt/M. 1988

2 *Beschreibe, welche Konsequenzen Anne für sich aus dem schwierigen Verhältnis zu ihrer Mutter zieht und wie in ihren Augen eine ideale Mutter aussehen könnte.*

_____
_____
_____
_____
_____

Die Menschen im Hinterhaus

Anne und Peter – Standbilder bauen und auswerten (Teil 1)

 1 *Bildet die in den unten stehenden vier Textauszügen beschriebene Situation zwischen Anne und Peter jeweils in einem Standbild nach.*
Findet euch dazu in vier Kleingruppen zusammen und verteilt die Auszüge untereinander.
Geht wie im Folgenden beschrieben vor:

> **TIPP**
>
> **Standbilder** sind pantomimische Darstellungen von Situationen und Beziehungen.
> ☐ Besprecht zunächst gemeinsam, welche Positionen im Raum eingenommen werden sollen.
> ☐ Setzt eine Schülerin bzw. einen Schüler aus eurer Gruppe als „Regisseur/in" ein. Diese/r stellt die Figuren so auf, dass deutlich wird, wie sie „zueinander stehen". Achtet besonders auf Körperhaltung, Gestik und Mimik, denn sie sagen viel über das Verhältnis zwischen den Figuren aus.
> ☐ Überlegt euch, wie ihr euch in eurer Rolle fühlt.
> ☐ Prägt euch eure Figur gut ein, denn vielleicht müsst ihr das Standbild mehrmals stellen.
> ☐ Bleibt bei der Präsentation eures Standbildes wie erstarrt stehen, damit die Zuschauer genügend Gelegenheit haben, das Bild wahrzunehmen.

 2 *Präsentiert eure Standbilder in der chronologischen Reihenfolge vor der Klasse und wertet sie folgendermaßen aus:*
☐ *Beschreibt bei jedem Standbild die Beziehung zwischen Anne und Peter.*
☐ *Äußert auf Grund der Standbilder Vermutungen über die Gefühle und Gedanken der beiden und sammelt eure Beobachtungen an der Tafel.*
☐ *Befragt die einzelnen Darstellerinnen und Darsteller der Standbilder zu der von ihnen gezeigten Beziehung zueinander.*

Liebe Kitty!   Donnerstag, 6. Januar 1944
Mein Verlangen, mit jemandem zu sprechen, wurde so groß, dass es mir irgendwie in den Kopf kam, Peter dafür auszuwählen. Wenn ich manchmal in Peters Zimmerchen kam, bei Licht, fand ich es dort immer sehr gemütlich, aber weil er so bescheiden ist und nie jemanden, der lästig wird, vor die Tür setzt, traute ich mich nie, länger zu bleiben. Ich hatte Angst, dass er mich schrecklich langweilig finden könnte. Ich suchte nach einer Gelegenheit, unauffällig in seinem Zimmer zu bleiben und ihn am Reden zu halten, und diese Gelegenheit ergab sich gestern. Peter hat nämlich plötzlich eine Manie für Kreuzworträtsel entwickelt und tut nichts anderes mehr, als den ganzen Tag zu raten. Ich half ihm dabei, und schon bald saßen wir uns an seinem Tisch gegenüber, er auf dem Stuhl, ich auf der Couch.
Mir wurde ganz seltsam zumute, als ich in seine dunkelblauen Augen schaute und sah, wie verlegen er bei dem ungewohnten Besuch war. Ich konnte an allem sein Inneres ablesen, ich sah in seinem Gesicht noch die Hilflosigkeit und die Unsicherheit, wie er sich verhalten sollte, und gleichzeitig einen Hauch vom Bewusstsein seiner Männlichkeit. Ich sah seine Verlegenheit und wurde ganz weich von innen. Ich hätte ihn gerne gebeten: Erzähl mir was von dir. Schau doch über die verhängnisvolle Schwatzhaftigkeit hinweg! Ich merkte jedoch, dass solche Fragen leichter vorzubereiten als auszuführen sind. […] (S. 161 f.)

Liebste Kitty!   Freitag, 18. Februar 1944
Wann immer ich auch nach oben gehe, hat das zum Ziel, „ihn" zu sehen. Mein Leben hier ist also viel besser geworden, weil es nun wieder einen Sinn hat und ich mich auf etwas freuen kann.
Der Gegenstand meiner Freundschaft ist wenigstens immer im Haus, und ich brauche (außer vor Margot) keine Angst vor Rivalen zu haben. Du brauchst wirklich nicht zu denken, dass ich verliebt bin, das ist nicht wahr. Aber ich habe ständig das Gefühl, dass zwischen Peter und mir noch einmal etwas sehr Schönes wachsen wird, das Freundschaft und Vertrauen gibt. Wann immer es möglich ist, gehe ich zu ihm, und es ist nicht mehr so wie früher, dass er nicht genau weiß, was er mit mir anfangen soll. Im Gegenteil, er redet noch, wenn ich schon fast zur Tür hinaus bin. (S. 189 f.)

Die Menschen im Hinterhaus

Anne und Peter – Standbilder bauen und auswerten (Teil 2)

Liebste Kitty! Mittwoch, 23. Februar 1944
Seit gestern ist draußen herrliches Wetter, und ich bin vollkommen aufgekratzt. Meine Schreibarbeit, das Schönste, was ich habe, geht gut voran. Ich gehe fast jeden Morgen zum Dachboden, um mir die
5 dumpfe Stubenluft aus den Lungen wehen zu lassen. Heute Morgen, als ich wieder zum Dachboden ging, war Peter am Aufräumen. Bald war er fertig, und während ich mich auf meinen Lieblingsplatz auf den Boden setzte, kam er auch. Wir betrachteten
10 den blauen Himmel, den kahlen Kastanienbaum, an dessen Zweigen kleine Tropfen glitzerten, die Möwen und die anderen Vögel, die im Tiefflug wie aus Silber aussahen. Das alles rührte und packte uns beide so, dass wir nicht mehr sprechen konn-
15 ten. Er stand mit dem Kopf an einen dicken Balken gelehnt, ich saß. Wir atmeten die Luft ein, schauten hinaus und fühlten, dass dies nicht mit Worten unterbrochen werden durfte. Wir schauten sehr lange hinaus, und als er anfangen musste, Holz zu hacken,
20 wusste ich, dass er ein feiner Kerl ist. [...] (S. 192 f.)

Liebe Kitty! Sonntag, 12. März 1944
Alles wird immer verrückter, je länger es dauert. Seit gestern schaut Peter mich nicht an, als wäre er böse auf mich. Ich gebe mir dann auch Mühe, ihm nicht nachzulaufen und so wenig wie möglich mit
5 ihm zu reden, aber es fällt mir schwer. Was ist es denn, das ihn oft von mir abhält und oft zu mir hindrängt? Vielleicht bilde ich mir auch nur ein, dass es schlimm ist. Vielleicht hat er auch Launen, vielleicht ist morgen alles wieder gut. [...] Auf der einen
10 Seite bin ich verrückt vor Sehnsucht nach ihm, kann kaum im Zimmer sein, ohne zu ihm hinzuschauen, und auf der anderen Seite frage ich mich, warum es mir eigentlich so viel ausmacht, warum ich nicht wieder ruhig werden kann! (S. 207 f.)

Anne Frank: Tagebuch. Fassung von Otto H. Frank und Mirjam Pressler. Aus dem Niederländischen von Mirjam Pressler. 16. Aufl. Frankfurt/M.: Fischer Taschenbuch Verlag 2010 © S. Fischer Verlag, Frankfurt/M. 1988

3 *Fass die bisherigen Ergebnisse zusammen, indem du die Entwicklung der Beziehung zwischen Anne und Peter in einer Kurve grafisch veranschaulichst.*

4 *Beschreibe in deinem Heft, welche Rolle Peter für Anne gespielt hat, und erläutere, warum sie sich schließlich von ihm abwendet.*
Hinweis: Lies dazu noch einmal Annes Tagebucheinträge vom 5. Mai 1944, 19. Mai 1944 und 6. Juli 1944.

Das Geschehen und der Ort des Geschehens

Das Hinterhaus – Das Versteck beschreiben (Teil 1)

1 a) Anne beschreibt sehr ausführlich, wie ihr Versteck aussieht. Markiere in den folgenden Texten Hinweise auf die einzelnen Räume und die Art, in der sie genutzt werden.
b) Beschrifte anschließend die Darstellung des Hinterhauses auf der nächsten Seite.

Donnerstag, 9. Juli 1942
[...] Das Gebäude sieht so aus: Im Parterre ist ein großes Magazin, das als Lager benutzt wird und wieder unterteilt ist in verschiedene Verschläge, zum Beispiel den Mahlraum, wo Zimt, Nelken und Pfeffersurrogat vermahlen werden, und den Vorratsraum. Neben der Lagertür befindet sich die normale Haustür, die durch eine Zwischentür zu einer Treppe führt. Oben an der Treppe erreicht man eine Tür mit Halbmattglas, auf der einmal mit schwarzen Buchstaben das Wort „Kontor" stand. Das ist das große vordere Büro, sehr groß, sehr hell, sehr voll. Tagsüber arbeiten da Bep, Miep und Herr Kleiman. Durch ein Durchgangszimmer mit Tresor, Garderobe und einem großen Vorratsschrank kommt man zu dem kleinen, ziemlich muffigen, dunklen Direktorenzimmer. Dort saßen früher Herr Kugler und Herr van Daan, nun nur noch Ersterer. Man kann auch vom Flur aus in Kuglers Zimmer gehen, durch eine Glastür, die zwar von innen, aber nicht ohne Weiteres von außen zu öffnen ist. Von Kuglers Büro aus durch den langen, schmalen Flur, vorbei am Kohlenverschlag und vier Stufen hinauf, da ist das Prunkstück des ganzen Gebäudes, das Privatbüro. Vornehme, dunkle Möbel, Linoleum und Teppiche auf dem Boden, Radio, elegante Lampe, alles prima-prima. Daneben ist eine große, geräumige Küche mit Durchlauferhitzer und zwei Gaskochern. Dann noch ein Klo. Das ist der erste Stock. Vom unteren Flur führte eine normale Holztreppe nach oben. Dort ist ein kleiner Vorplatz, der Diele genannt wird. Rechts und links sind Türen, die linke führt zum Vorderhaus mit den Lagerräumen, dem Dachboden und dem Oberboden. Vom Vorderhaus aus führt auf der anderen Seite auch noch eine lange, übersteile, echt holländische Beinbrechtreppe zur zweiten Straßentür.
Rechts von der Diele liegt das „Hinterhaus". Kein Mensch würde vermuten, dass hinter der einfachen, grau gestrichenen Tür so viele Zimmer versteckt sind. Vor der Tür ist eine Schwelle, und dann ist man drinnen. Direkt gegenüber der Eingangstür ist eine steile Treppe, links ein kleiner Flur und ein Raum, der Wohn- und Schlafzimmer der Familie Frank werden soll. Daneben ist noch ein kleineres Zimmer, das Schlaf- und Arbeitszimmer der beiden jungen Damen Frank. Rechts von der Treppe ist eine Kammer ohne Fenster mit einem Waschbecken und einem abgeschlossenen Klo und einer Tür in Margots und mein Zimmer. Wenn man die Treppe hinaufgeht und oben die Tür öffnet, ist man erstaunt, dass es in einem alten Grachtenhaus so einen hohen, hellen und geräumigen Raum gibt. In diesem Raum stehen ein Herd (das haben wir der Tatsache zu verdanken, dass hier früher Kuglers Laboratorium war) und ein Spülstein. Das ist also die Küche und gleichzeitig auch das Schlafzimmer des Ehepaares van Daan, allgemeines Wohnzimmer, Esszimmer und Arbeitszimmer. Ein sehr kleines Durchgangszimmerchen wird Peters Appartement werden. Dann, genau wie vorn, ein Dachboden und ein Oberboden. Siehst du, so habe ich dir unser ganzes schönes Hinterhaus vorgestellt!
Deine Anne (S. 36 f.)

Beste Kitty! Freitag, 21. August 1942
Unser Versteck ist nun erst ein richtiges Versteck geworden. Herr Kugler fand es nämlich besser, vor unsere Zugangstür einen Schrank zu stellen (weil viele Hausdurchsuchungen gemacht werden, um versteckte Fahrräder zu finden), aber natürlich einen Schrank, der drehbar ist und wie eine Tür aufgeht. Herr Voskuijl hat das Ding geschreinert. (Wir haben ihn inzwischen über die sieben Untergetauchten informiert, und er ist die Hilfsbereitschaft selbst.) Wenn wir nach unten gehen wollen, müssen wir uns jetzt immer erst bücken und dann einen Sprung machen. Nach drei Tagen liefen wir alle mit Beulen an der Stirn herum, weil jeder sich an der niedrigen Tür stieß. Peter hat dann ein Tuch mit Holzwolle davor genagelt. Mal sehen, ob es hilft! [...] (S. 44)

Anne Frank: Tagebuch. Fassung von Otto H. Frank und Mirjam Pressler. Aus dem Niederländischen von Mirjam Pressler. 16. Aufl. Frankfurt/M.: Fischer Taschenbuch Verlag 2010 © S. Fischer Verlag, Frankfurt/M. 1988

Das Geschehen und der Ort des Geschehens

Das Hinterhaus – Das Versteck beschreiben (Teil 2)

2 *Das Versteck an der Prinsengracht 263 in Amsterdam ist seit 1960 dank der Anne-Frank-Stiftung für Besucherinnen und Besucher geöffnet.*
Verfass für die Besucher einen Informationstext zu den einzelnen Räumen und den Untergetauchten.
Nutze auch die Ergebnisse des Arbeitsblatts „Die Bewohner des Hinterhauses – Personen charakterisieren"
(S. 13 f.).

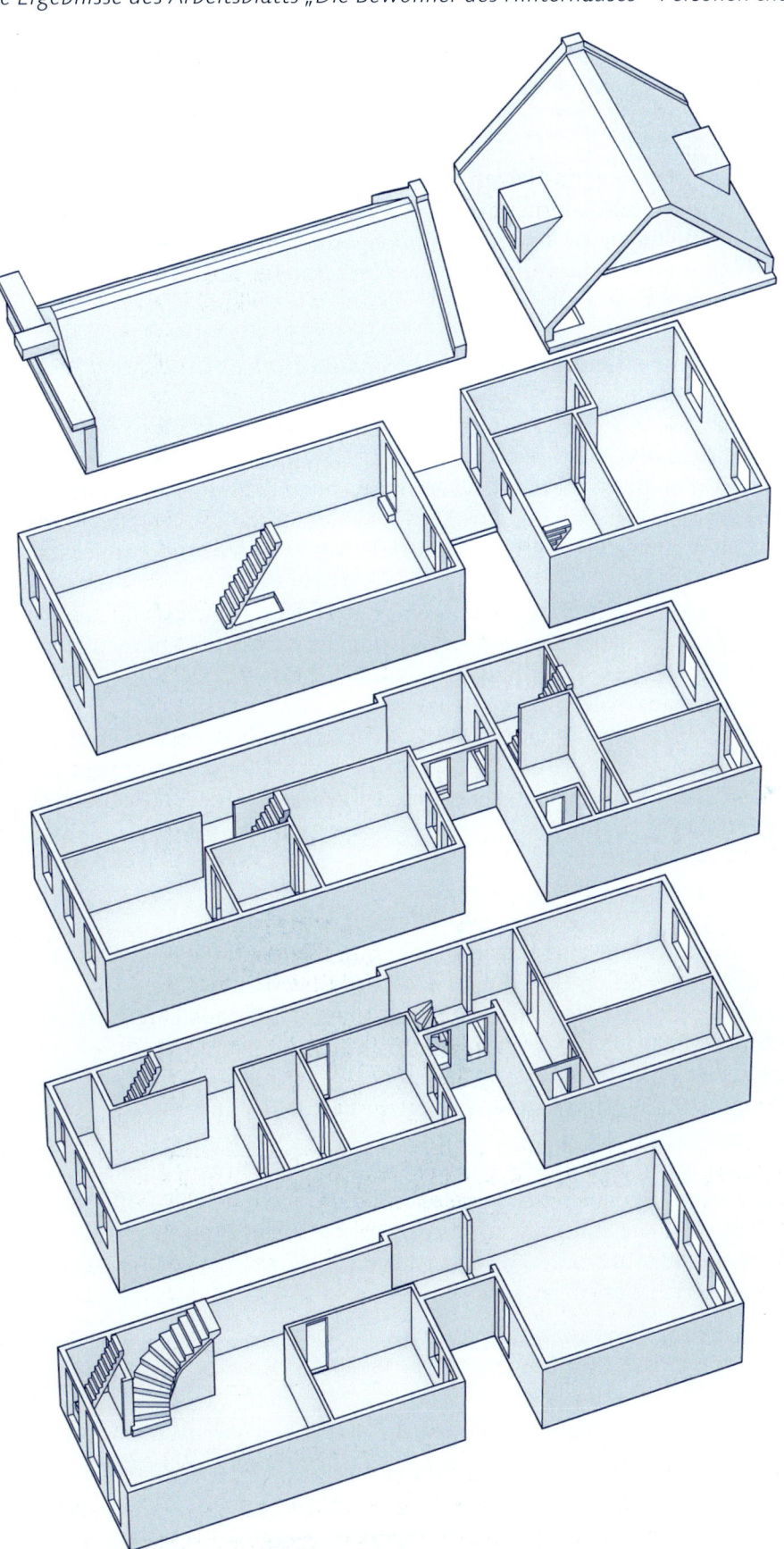

Das Geschehen und der Ort des Geschehens

Leitfaden vom Hinterhaus – Den Alltag kennen lernen

1 *Ein von Herrn van Daan formulierter „Leitfaden" informiert über die Regeln im Hinterhaus.*
   a) Lies den „Leitfaden" und notiere, welche Probleme darin zum Ausdruck gebracht werden.
   b) Beschreibe, auf welche Art und Weise die Regeln formuliert sind und wie dies auf dich wirkt.

Dienstag, 17. November 1942

[...]
PROSPEKT UND LEITFADEN VOM HINTERHAUS
Spezielle Einrichtung für die vorübergehende Unterkunft von Juden und ihresgleichen.
Während des ganzen Jahres geöffnet.

5 Schöne, ruhige, waldfreie Umgebung im Herzen von Amsterdam. Keine privaten Nachbarn. Zu erreichen mit den Straßenbahnlinien 13 und 17, ferner auch mit Auto oder Fahrrad. In bestimmten Fällen, in denen die Deutschen die Benutzung dieser Transportmittel nicht erlauben, auch zu Fuß. Möblierte und unmöblierte Wohnungen und Zimmer ständig verfügbar, mit oder ohne Pension.
Miete: gratis.
10 *Diätküche,* fettfrei.
Fließendes Wasser im Badezimmer (leider keine Wanne) und an diversen Innen- und Außenwänden.
Herrliche Feuerstellen.
Geräumige Lagerplätze für Güter aller Art. Zwei große, moderne Panzerschränke.
Eigene Radiozentrale mit direkter Verbindung nach London, New York, Tel Aviv und vielen anderen Statio-
15 nen. Dieser Apparat steht allen Bewohnern ab sechs Uhr abends zur Verfügung, wobei es keine verbotenen Sender gibt, unter einer Bedingung, dass nur ausnahmsweise deutsche Sender gehört werden dürfen, z. B. klassische Musik u. Ä. Es ist strengstens verboten, deutsche Nachrichten zu hören (egal, woher sie gesendet werden) und sie zu verbreiten.
Ruhezeiten: 10 Uhr abends bis 7:30 Uhr morgens, sonntags 10:15 Uhr. Unter besonderen Umständen werden
20 auch tagsüber Ruhestunden abgehalten, je nach Anweisung der Direktion. Ruhestunden müssen im Interesse der allgemeinen Sicherheit unbedingt eingehalten werden!!!
Freizeit: Fällt bis auf Weiteres aus (sofern außer Haus).
Gebrauch der Sprache: Es wird zu allen Zeiten gefordert, leise zu sprechen. Erlaubt sind alle Kultursprachen, also kein Deutsch.
25 *Lektüre und Entspannung:* Es dürfen keine deutschen Bücher gelesen werden, ausgenommen wissenschaftliche und klassische, alle anderen sind frei.
Gymnastik: Täglich.
Gesang: Ausschließlich leise und nach 6 Uhr abends.
Film: nach Abmachung.
30 *Unterricht:* In Stenografie jede Woche eine schriftliche Lektion. In Englisch, Französisch, Mathematik und Geschichte jederzeit. Bezahlung durch Gegenunterricht, z. B. Niederländisch.
Spezielle Abteilung für kleine Haustiere mit guter Versorgung. (ausgenommen Ungeziefer, für das eine besondere Genehmigung erforderlich ist ...)
Mahlzeiten:
35 Frühstück: täglich morgens um 9 Uhr, Sonn- und Feiertage ca. 11:30 Uhr.
Mittagessen: zum Teil ausgedehnt. 1:15 bis 1:45 Uhr.
Abendessen: kalt und/oder warm, keine feste Zeit, abhängig vom Nachrichtendienst.
Verpflichtungen gegenüber der Versorgungskolonne: Bereitschaft, jederzeit bei Büroarbeiten zu helfen.
Baden: Sonntags ab 9 Uhr steht der Zuber allen Hausgenossen zur Verfügung. Gebadet wird in der Toilette,
40 in der Küche, im Privatbüro oder im vorderen Büro, ganz nach Wunsch.
Starke Getränke: nur gegen ärztliches Attest. [...]

Anne Frank: Tagebuch. Fassung von Otto H. Frank und Mirjam Pressler. Aus dem Niederländischen von Mirjam Pressler.
16. Aufl. Frankfurt/M.: Fischer Taschenbuch Verlag 2010, S. 76 f. © S. Fischer Verlag, Frankfurt/M. 1988

2 *Überlegt zu zweit, welche Rückschlüsse man anhand der Formulierungen in diesem „Prospekt" hinsichtlich der inneren Verfassung der Untergetauchten ziehen kann. Haltet euer Ergebnis schriftlich fest.*

Das Geschehen und der Ort des Geschehens

Eindrücke vom Krieg – Annes Äußerungen verstehen

Anne erfährt über das tägliche Radiohören Wichtiges über den Kriegsverlauf. Gleichzeitig erlebt sie den Kriegsalltag durch ihre Beobachtungen und eigenen Erfahrungen mit.

Hungerleidende suchen im Abfall nach Essensresten.
Foto: Ullstein bild – Pachot

Menschenschlange vor einem Laden, Berlin 1945.
Foto: akg-images

1 *a) Markiere in den unten angegebenen Briefen Annes Äußerungen zum Krieg.*
b) Beschreibe, welches Bild jeweils vom Kriegsalltag entsteht.

4. März 1943 _____

10. März 1943 _____

19. März 1943 _____

29. März 1944 _____

2 *Halte auf der Grundlage des Briefs vom 3. Mai 1944 fest, welche Überlegungen Anne zum Krieg anstellt und wie sie damit umgeht.*

3. Mai 1944 _____

_____

_____

Das Geschehen und der Ort des Geschehens

Der Verrat – Das Schicksal der Untergetauchten verfolgen (Teil 1)

1 *Beschreibe die Karte auf S. 25 in einem kurzen Text. Nutze dazu auch die Hinweise darunter.*

_____

_____

_____

_____

_____

_____

_____

_____

_____

_____

2 *a) Lies den folgenden Text über das Schicksal der im Hinterhaus Versteckten und markiere in der Karte die Lager, in denen sich die Untergetauchten aus dem Hinterhaus aufgehalten haben.*
b) Zeichne in der Karte in verschiedenen Farben die einzelnen Wege ein, die die im Hinterhaus Entdeckten durchlaufen mussten.

Am 4. August 1944 rief ein Unbekannter die deutsche Polizei in Amsterdam an und teilte mit, dass in der Prinsengracht Juden versteckt seien. Alle Untergetauchten wurden zunächst ins Gefängnis gebracht. Die Polizeibeamten machten auf der Suche nach Wertsachen und brauchbaren Dingen eine Menge Unordnung. Mitten im Chaos lagen Annes Tagebücher.
Nach ihrer Verhaftung wurde Anne Frank von einem Konzentrationslager ins nächste transportiert, zuerst mit allen Untergetauchten nach Westerbork. Einen Monat später ging es mit dem letzten Transport überhaupt in einer dreitägigen Fahrt ohne Essen und Trinken weiter nach Auschwitz, dem großen Vernichtungslager in Polen.
Hermann van Pels wurde hier nach ein paar Wochen vergast. Edith Frank starb hier am 6. Januar 1945. Otto Frank wurde Ende Januar 1945 in Auschwitz von den Russen befreit. Über Auschwitz-Birkenau kam Peter van Pels in das Lager Mauthausen. Er starb dort am 5. Mai 1945, drei Tage vor der Befreiung des Lagers. Nach etwa zwei Monaten wurde Anne zusammen mit Margot nach Bergen-Belsen transportiert. In diesem Lager lebte Anne noch knapp zwei Monate. Im März 1945 starb sie an Hunger, Kälte und Krankheit. Ein paar Wochen später befreiten die Engländer das Lager. In dem Lager waren mehr Tote als Lebende. Margot war immer bei Anne geblieben und kurz vor ihr im März 1945 an Typhus gestorben.
Auch Frau van Pels wurde im Oktober 1944 in das Konzentrationslager Bergen-Belsen verbracht. Einige Zeit später gelangte sie über Buchenwald nach Theresienstadt. Dort starb sie vermutlich im Frühjahr 1945. Fritz Pfeffer wurde von Auschwitz-Birkenau ins Lager Neuengamme gebracht. Dort starb er am 20. Dezember 1944.

Der Verrat – Das Schicksal der Untergetauchten verfolgen (Teil 2)

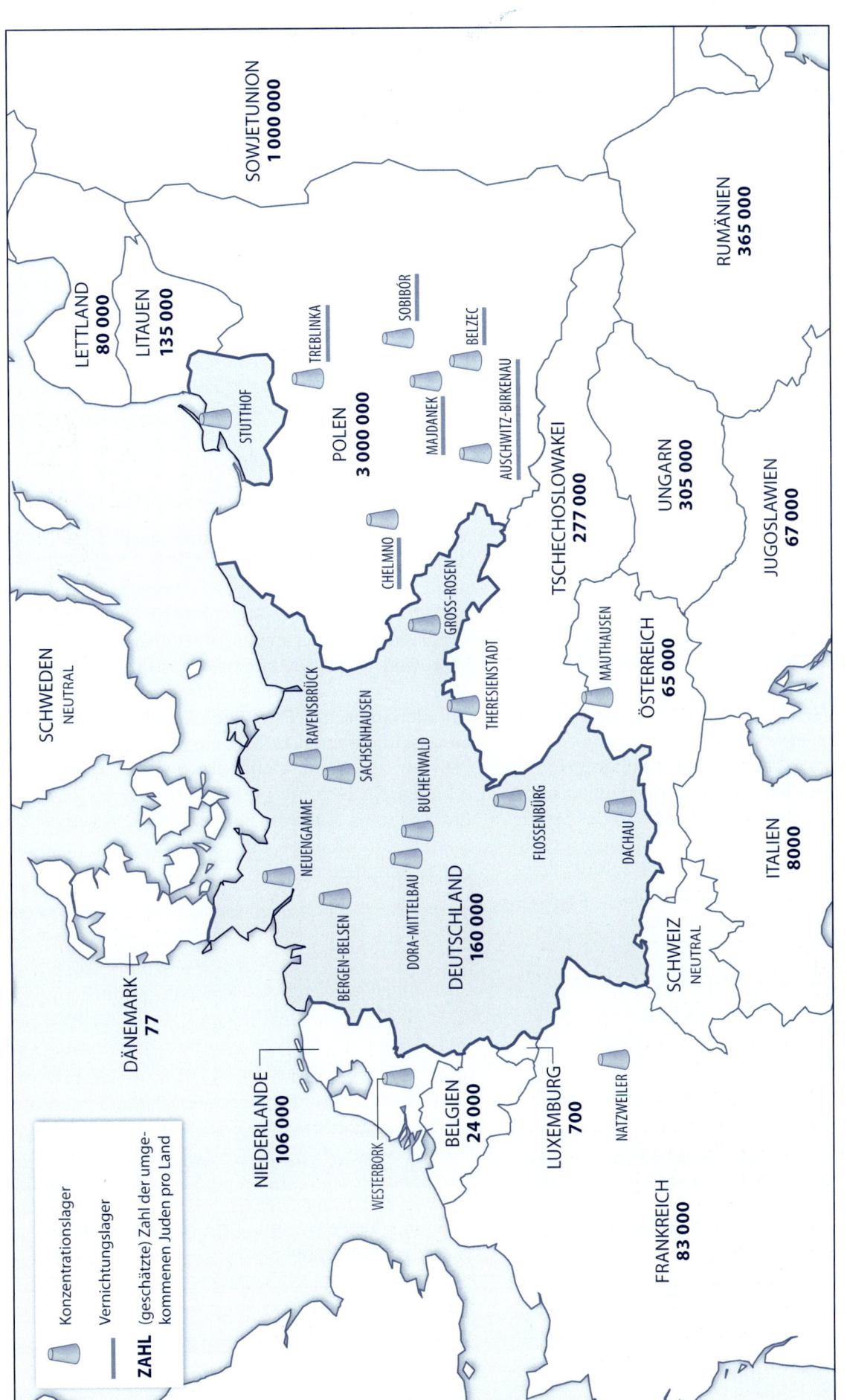

Die ersten Konzentrationslager werden nach Hitlers Machtübernahme 1933 für politische Gegner und Menschen, die für minderwertig gehalten werden, gebaut. Nach dem Beschluss Anfang 1942, alle Juden Europas systematisch zu ermorden, werden in Polen Konzentrationslager zur Massentötung errichtet.

Die Länder auf dieser Karte haben die Grenzen von 1939.

Deutschbuch, Ideen zur Jugendliteratur © 2011 Cornelsen Verlag, Berlin – Alle Rechte vorbehalten.

Zwei Mädchen jüdischer Herkunft – Lebensweisen vergleichen

Anne Franks Freundin Hannah stammt aus einer strenggläubigen jüdischen Familie. Die Auszüge aus ihren Erinnerungen zeigen die unterschiedliche Verbundenheit der beiden Familien mit dem Judentum.

1 *Untersuche, wie die Familie Frank mit der jüdischen Tradition umgeht.*
   a) Umkreise alle Begriffe, die auf jüdische Rituale und Feiertage hinweisen.
   b) Informiere dich im Internet über die Bedeutung der jüdischen Festtage und Rituale und mache dir in deinem Heft Notizen.
   c) Markiere mit unterschiedlichen Farben im Text, wie sich Annes und Hannahs Familien an jüdischen Feiertagen verhalten haben.

Hannah Pick-Goslar über Anne Frank

Jeden Freitagabend [am Beginn des Sabbat] kamen die Franks zu uns, auch die Abende des Pessachfestes wurden bei uns gefeiert. An Sukkoth, dem Laubhüttenfest, bauten wir jedes Jahr in dem kleinen Durchgang zwischen den Gärten vom Merwedeplein und der Zuideramstellaan eine Laubhütte; sie war sehr klein, weil es da eng war. Anne kam dann natürlich auch oft und schaute zu, und manchmal blieb sie zum Essen. Vielleicht half sie auch beim Verzieren der Laubhütte.

An Jom Kippur, dem Versöhnungstag, mussten wir den ganzen Tag fasten. Dann kamen Herr Frank und Anne zu uns, um das Essen für abends vorzubereiten, während Frau Frank und Margot in die Synagoge gingen, genau wie meine Eltern. [...] Frau Frank und Margot gingen ab und zu in die Synagoge, Anne und ihr Vater dagegen seltener.

Zu Hause bei Anne Frank wurde Nikolaus gefeiert. Bei uns nicht, denn wir waren ja eine religiöse jüdische Familie. Wir feierten Chanukka. In der Schule durfte ich natürlich mitmachen. Am Tag nach Nikolaus gab es immer ein Fest in der Schule, dann wurde ein Theaterstück aufgeführt oder etwas dergleichen. [...]

Samstags bin ich nie in die Schule gegangen, da wir ja religiös waren. Orthodoxe Juden gehen samstags, dem Schabbat, weder zur Schule noch zur Arbeit. Anne ging jedoch samstags zur Schule, und jeden Sonntag kam sie zu mir oder ich ging zu ihr, um die Hausaufgaben abzuholen. [...]

Weil ich jüdischen Religionsunterricht bekam und Anne nicht, waren wir an unseren freien Tagen nicht immer zusammen. Ich musste mittwochs nachmittags und sonntags morgens Hebräisch lernen. Margot hatte auch Unterricht in Hebräisch, aber Anne nicht. Die kam mehr auf ihren Vater heraus und war überhaupt nicht religiös.

An allen jüdischen Feiertagen kamen Annes Eltern zu uns, und an anderen Tagen, so wie Neujahr, gingen wir zu ihnen. Dann durften wir zusammen schlafen. Nachts um zwölf Uhr wurden wir geweckt und bekamen einen Neujahrskrapfen und etwas zu trinken. Am nächsten Tag hatten wir frei und konnten ausschlafen.

Willy Lindwer: Anne Frank. Die letzten sieben Monate. Augenzeuginnen berichten. 11. Aufl. Frankfurt/M.: Fischer Taschenbuch Verlag 2008, S. 26–29

 2 *a) Stellt zu zweit in einer Tabelle gegenüber, wie die Mädchen und ihre Familien die Feiertage begehen.*
   b) Beurteilt das Verhalten der Familien im Hinblick auf ihre Verbundenheit mit dem Judentum. Notiert euer Ergebnis in der Spalte „Fazit" in der Übersicht.
   c) Sprecht darüber, welche Rolle Annes Vater und Mutter für Annes Haltung gegenüber dem Judentum gespielt haben, und ergänzt eure Überlegungen als weiteres Fazit in der Tabelle.

Feiertage	Hannah und ihre Familie	Anne und ihre Familie
Sabbatabend, Pessachabend	Sie feiert zu Hause.	Sie feiert mit ihrer Familie bei Hannahs Familie.
...	...	...
Fazit	Hannah und ihre Familie ...	Anne und ihr Vater ...

Anne Frank in ihrer Zeit

Auschwitz – Einen Sachtext und Annes Briefe in Beziehung setzen (Teil 1)

1 *Lies Annes folgenden Tagebucheintrag und markiere Stellen, die über das Schicksal der Juden Aufschluss geben.*

Donnerstag, 19. Nov. 1942
[...] Dussel hat uns viel von der Außenwelt erzählt, die wir nun schon so lange vermissen. Es ist traurig, was er alles gewusst hat. Zahllose Freunde und Bekannte sind weg, zu einem schrecklichen Ziel. Abend für Abend fahren die grünen oder grauen Militärfahrzeuge vorbei, und an jeder Tür wird geklingelt und gefragt, ob da auch Juden wohnen. Wenn ja, muss die ganze Familie sofort mit, wenn nicht, gehen sie weiter. Niemand kann seinem Schicksal entkommen, wenn er sich nicht versteckt. Sie gehen auch oft mit Listen herum und klingeln nur dort, wo sie wissen, dass sie eine reiche Beute finden. Kopfgeld wird oft bezahlt, pro Kopf soundsoviel. Es ist wirklich wie bei den Sklavenjagden, die es früher gab. Aber es ist kein Witz, dafür ist es viel zu dramatisch. Ich sehe abends oft die Reihen guter, unschuldiger Menschen vor mir, mit weinenden Kindern! Immer nur laufen müssen, kommandiert von ein paar Kerlen, geschlagen und gepeinigt, bis sie fast zusammenbrechen. Niemand wird geschont. Alte, Kinder, Babys, schwangere Frauen, Kranke ... alles, alles geht mit in dem Zug zum Tod. Wie gut haben wir es hier, wie gut und ruhig. Wir brauchten uns aus dem ganzen Elend nichts zu machen, wenn wir nicht so viel Angst um all jene hätten, die uns teuer sind und denen wir nicht helfen können. Ich fühle mich schlecht, weil ich in einem warmen Bett liege, während meine liebsten Freundinnen irgendwo draußen niedergeworfen werden oder zusammenbrechen.
Ich bekomme selbst Angst, wenn ich an alle denke, mit denen ich mich draußen immer so eng verbunden fühlte und die nun den Händen der brutalsten Henker ausgeliefert sind, die es jemals gegeben hat. Und das alles, weil sie Juden sind.   Deine Anne

Anne Frank: Tagebuch. Fassung von Otto H. Frank und Mirjam Pressler. Aus dem Niederländischen von Mirjam Pressler. 16. Aufl. Frankfurt/M.: Fischer Taschenbuch Verlag 2010, S. 77 f. © S. Fischer Verlag, Frankfurt/M. 1988

2 *Unterstreiche in dem folgenden Text über das Konzentrationslager Auschwitz Stellen, die darüber informieren, was dort mit den Häftlingen geschah.*

Auschwitz

In der Nähe des kleinen polnischen Ortes Oswiecim, 70 km südlich von Krakau, befand sich eine Artillerie-Kaserne mit entsprechenden Baracken. Deren Gebäude wurden als Kern des Lagers genutzt. Ab Mai 1940 begann der Aufbau des Lagers unter der Leitung von Rudolf Höß. Das gesamte Areal umfasste 40 km² und insgesamt drei Teillager:
a) das Konzentrationslager Auschwitz (Auschwitz I), „Stammlager" genannt. Es bestand aus 28 unterkellerten zweigeschossigen Wohnblocks aus Ziegelstein. Deren Häftlinge arbeiteten auf den Baustellen des Lagerkomplexes und in den dem Lager angeschlossenen Werkstätten, Gärtnereien und anderen landwirtschaftlichen Betrieben. In unmittelbarer Nähe befand sich ein Krematorium mit zwei Verbrennungsöfen.
b) das Konzentrations- und Vernichtungslager Birkenau (Auschwitz II). Es war das eigentliche Vernichtungszentrum im Moor von Brzezinka. Etwa 1000 Häftlinge wurden jeweils in Baracken gepfercht, die für die Unterbringung von jeweils 52 Pferden oder 300 Soldaten konzipiert worden waren. Außerhalb des Barackenlagers entstanden im Sichtschutz eines Birkenwäldchens durch Umbau eines Bauerngehöftes „Bunker Nr. 1" und „Nr. 2", die beiden großen Vergasungsanlagen. Anfang 1944 legte man eine Eisenbahnstrecke in das Lager hinein, die Gleise führten unmittelbar an die beiden großen Vergasungsanlagen heran. Von der Rampe zur Gaskammer, zynisch „Badeanstalten" genannt, waren es nur etwa hundert Meter. In ihnen konnten mehr als 2000 Menschen auf einmal getötet werden.
c) das Konzentrations- und Arbeitslager der IG Farbenindustrie AG in Monowitz (Auschwitz III), das zusätzlich über 40 Außenlager verfügte und die dort ansässige Industrie mit billigen Arbeitskräften versorgte.
Die ersten Insassen waren deutsche Schwerverbrecher. Sie wurden zu so genannten Funktionshäftlingen ernannt, also zu Lagerältesten, Blockältesten, Kapos, Stubenältesten. Sie lebten vergleichsweise gut, solange sie ihre Stellung behaupten konnten. Die erste größere Gruppe von Häftlingen waren etwa 17000 Polen, überwiegend Angehörige der polnischen Intelligenz, Offiziere, Männer im wehrpflichtigen Alter, Geistliche und Juden. Sie wurden zum Aufbau des Lagers eingesetzt, mussten in Kiesgruben arbeiten, Baumaterialien durch den Abriss von Häusern und Bauernhöfen in der Umgebung gewinnen, Straßen und Wege im Lager planieren, Wohnblocks errichten bzw. vorhandene aufsto-

Anne Frank in ihrer Zeit

Auschwitz – Einen Sachtext und Annes Briefe in Beziehung setzen (Teil 2)

cken, und das alles ohne Einsatz technischer Hilfsmittel und Maschinen unter dem Druck ständiger Schikanen durch ihre Aufseher.
Mit dem „Russlandfeldzug" 1941 kamen russische Kriegsgefangene, die probeweise durch den Einsatz von Zyklon B vergast wurden. Am 15. Februar 1942 wurde mit der Vergasung von Juden begonnen. Ab dem 4. Juli 1942 wurden sie vorher auf der Ausladerampe des Bahnhofs Auschwitz selektiert. Die SS umstellte den Zug. Die Juden wurden nach Geschlecht in zwei Gruppen getrennt. Ein SS-Lagerarzt entschied dann, wer gleich vergast und wer als Häftling registriert und zur Arbeit herangezogen werden sollte.

Je mehr die Niederlage der Reichswehr im Zweiten Weltkrieg zu erkennen war, desto umfassender wurde der Vernichtungswille. Die Herkunft der Menschen, die in diese immer perfekter funktionierende Todesmühle gerieten, fächerte sich immer weiter auf. Die überwiegende Mehrzahl waren Juden aus den eingegliederten Gebieten, aus Polen, aus dem Reich, aus dem Protektorat Böhmen, aus den Niederlanden, aus Frankreich, Griechenland, der Slowakei, Belgien, Italien, Kroatien und Norwegen. Insgesamt sind in Auschwitz mehr als 1 Mio. Juden umgebracht worden, dem nationalsozialistischen Vernichtungskrieg fielen insgesamt etwa 6 Mio. Juden zum Opfer.

Nach: Ludolf Herbst: Das nationalsozialistische Deutschland 1933–1945. Die Entfesselung der Gewalt: Rassismus und Krieg. Frankfurt/M.: Suhrkamp 1996

3 *Wie reagiert Anne auf die Verfolgung der Juden?*
   a) Notiere ausgehend von dem Tagebuchauszug ihre Gedanken und Gefühle.
   b) Überlegt zu zweit, welche Bedeutung Gott in dieser Situation für Anne hat, und notiert euer Ergebnis.

Dienstag, 11. April 1944
[...] Wir sind sehr stark daran erinnert worden, dass wir gefesselte Juden sind, gefesselt an einen Fleck, ohne Rechte, aber mit Tausenden von Pflichten. Wir Juden dürfen nicht unseren Gefühlen folgen, müssen mutig und stark sein, müssen alle Beschwerlichkeiten auf uns nehmen und nicht murren, müssen tun, was in unserer Macht liegt, und auf Gott vertrauen. Einmal wird dieser schreckliche Krieg doch vorbeigehen, einmal werden wir doch wieder Menschen und nicht nur Juden sein!
Wer hat uns das auferlegt? Wer hat uns Juden zu einer Ausnahme unter allen Völkern gemacht? Wer hat uns bis jetzt so leiden lassen? Es ist Gott, der uns so gemacht hat, aber es wird auch Gott sein, der uns aufrichtet. Wenn wir all dieses Leid ertragen und noch immer Juden übrig bleiben, werden sie einmal von Verdammten zu Vorbildern werden. Wer weiß, vielleicht wird es noch unser Glaube sein, der die Welt und damit alle Völker das Gute lehrt, und dafür, dafür allein müssen wir auch leiden. Wir können niemals nur Niederländer oder nur Engländer oder was auch immer werden, wir müssen daneben immer Juden bleiben. Aber wir wollen es auch bleiben.
Seid mutig! Wir wollen uns unserer Aufgabe bewusst bleiben und nicht murren, es wird einen Ausweg geben. Gott hat unser Volk nie im Stich gelassen, durch alle Jahrhunderte hin sind Juden am Leben geblieben, durch alle Jahrhunderte hindurch mussten Juden leiden. Aber durch alle Jahrhunderte hindurch sind sie auch stark geworden. Die Schwachen fallen, aber die Starken bleiben übrig und werden nicht untergehen! [...]

Anne Frank: Tagebuch. Fassung von Otto H. Frank und Mirjam Pressler. Aus dem Niederländischen von Mirjam Pressler. 16. Aufl. Frankfurt/M.: Fischer Taschenbuch Verlag 2010, S. 248 f. © S. Fischer Verlag, Frankfurt/M. 1988

Annes Gedanken und Gefühle:

_____
_____
_____
_____
_____
_____

Die Bedeutung Gottes für Anne:

_____
_____
_____
_____
_____
_____
_____

Anne Frank in ihrer Zeit

Ideale auf dem Prüfstand – Eine Diskussion durchführen

1 *Überlege, welche Vorstellungen und Ideale du im Hinblick auf das Miteinanderleben hast. Notiere drei Begriffe.*

_____   _____   _____

2 *Obwohl Anne Frank mit den anderen Untergetauchten in ständiger Angst, entdeckt zu werden, lebt, finden sich in ihrem Tagebuch Passagen voller Zuversicht.*
  a) Lest die folgenden Einträge und arbeitet zu zweit heraus, was Anne in dieser Zeit Trost spendet.
  b) Formuliert Annes Ideale, an denen sie trotz ihrer Situation festhält.

Mittwoch, 23. Februar 1944
[...] „Solange es das noch gibt", dachte ich, „und ich es erleben darf, diesen Sonnenschein, diesen Himmel, an dem keine Wolke ist, so lange kann ich nicht traurig sein."
5 Für jeden, der Angst hat, einsam oder unglücklich ist, ist es bestimmt das beste Mittel hinauszugehen, irgendwohin, wo er ganz allein ist, allein mit dem Himmel, der Natur und Gott. Dann erst, nur dann fühlt man, dass alles so ist, wie es sein soll, und dass
10 Gott die Menschen in der einfachen und schönen Natur glücklich sehen will.
Solange es das noch gibt, und das wird es wohl immer, weiß ich, dass es unter allen Umständen auch einen Trost für jeden Kummer gibt. Und ich glaube
15 fest, dass die Natur viel Schlimmes vertreiben kann. Wer weiß, vielleicht dauert es nicht mehr lange, bis ich dieses überwältigende Glücksgefühl mit jemandem teilen kann, der es genauso empfindet wie ich. [...] Solange es dieses innere Glück gibt, das Glück
20 über Natur, Gesundheit und noch sehr viel mehr, solange man das in sich trägt, wird man immer wieder glücklich werden.
Reichtum, Ansehen, alles kann man verlieren, aber das Glück im eigenen Herzen kann nur verschleiert
25 werden und wird dich, solange du lebst, immer wieder glücklich machen. [...] (S. 192 f.)

Donnerstag, 2. März 1944
[...] Liebe, was ist Liebe? Ich glaube, dass Liebe etwas ist, was sich eigentlich nicht in Worte fassen lässt. Liebe ist, jemanden zu verstehen, ihn gern zu haben. Glück und Unglück mit ihm zu teilen. Und
5 dazu gehört auf die Dauer auch die körperliche Liebe. Du hast etwas geteilt, etwas hergegeben und etwas empfangen. Und ob du dann verheiratet oder unverheiratet bist, ob du ein Kind kriegst oder nicht, ob die Ehre weg ist, auf das alles kommt es nicht an, wenn du nur weißt, dass für dein ganzes 10 weiteres Leben jemand neben dir steht, der dich versteht und den du mit niemandem zu teilen brauchst! [...] (S. 196 f.)

Samstag, 15. Juli 1944
[...] Das ist das Schwierige in dieser Zeit: Ideale, Träume, schöne Erwartungen kommen nicht auf, oder sie werden von der grauenhaftesten Wirklichkeit getroffen und vollständig zerstört. Es ist ein Wunder, dass ich nicht alle Erwartungen aufgegeben ha- 5 be, denn sie scheinen absurd und unausführbar. Trotzdem halte ich an ihnen fest, trotz allem, weil ich noch immer an das innere Gute im Menschen glaube.
Es ist mir nun mal unmöglich, alles auf der Basis 10 von Tod, Elend und Verwirrung aufzubauen. Ich sehe, wie die Welt langsam immer mehr in eine Wüste verwandelt wird, ich höre den anrollenden Donner immer lauter, der auch uns töten wird, ich fühle das Leid von Millionen Menschen mit. Und doch, 15 wenn ich zum Himmel schaue, denke ich, dass sich alles wieder zum Guten wenden wird, dass auch diese Härte aufhören wird, dass wieder Ruhe und Frieden in die Weltordnung kommen werden. Inzwischen muss ich meine Vorstellungen hochhal- 20 ten, in den Zeiten, die kommen, sind sie vielleicht doch noch auszuführen!
Deine Anne M. Frank (S. 309 f.)

Anne Frank: Tagebuch. Fassung von Otto H. Frank und Mirjam Pressler. Aus dem Niederländischen von Mirjam Pressler. 16. Aufl. Frankfurt/M.: Fischer Taschenbuch Verlag 2010 © S. Fischer Verlag, Frankfurt/M. 1988

 3 *Diskutiert in der Klasse über die Schwierigkeit, seine Ideale in problematischen Situationen aufrechtzuerhalten.*

Produktion und Rezeption

Schreiben – Die Funktion des Tagebuchs erarbeiten (Teil 1)

1 *Anne reflektiert zu Beginn ihres Tagebuchs die Situation, in der sie zum Tagebuchschreiben findet.*
  a) Markiere in dem unten stehenden Text Stellen, die über folgende Aspekte Aufschluss geben:
    ☐ *Annes seelisches Befinden,*
    ☐ *ihren Anlass zu schreiben,*
    ☐ *die Bedeutung des Tagebuchs,*
    ☐ *die Adressatin Kitty.*
  b) Stelle deine Ergebnisse in dem folgenden Schaubild dar.

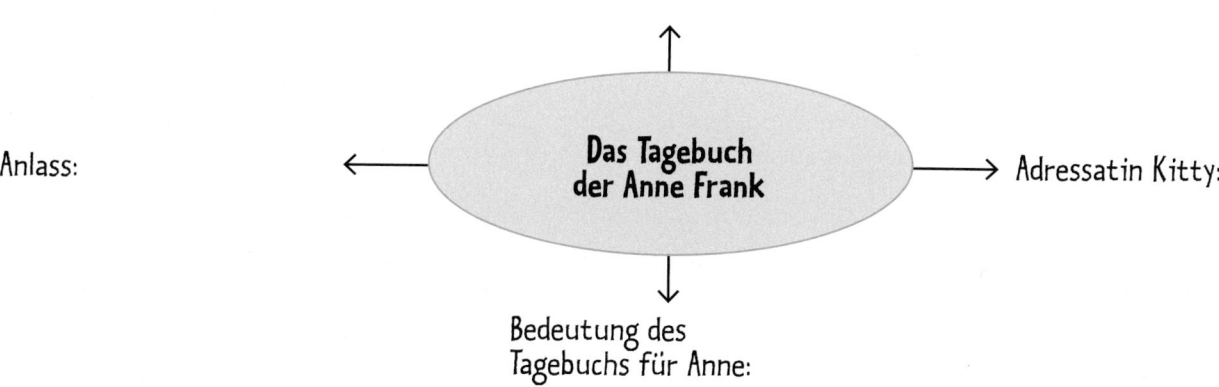

Samstag, 20. Juni 1942
Es ist für jemanden wie mich ein eigenartiges Gefühl, Tagebuch zu schreiben. Nicht nur, dass ich noch nie geschrieben habe, sondern ich denke auch, dass sich später keiner, weder ich noch ein anderer, für die Herzensergüsse eines dreizehnjährigen Schulmädchens interessieren wird. Aber darauf kommt es eigentlich nicht an, ich habe Lust zu schreiben und will mir vor allem alles Mögliche gründlich von der Seele reden.
Papier ist geduldiger als Menschen. Dieses Sprichwort fiel mir ein, als ich an einem meiner leicht melancholischen Tage gelangweilt am Tisch saß, den Kopf auf den Händen, und vor Schlaffheit nicht wusste, ob ich weggehen oder lieber zu Hause bleiben sollte [...]. In der Tat, Papier ist geduldig. Und weil ich nicht die Absicht habe, dieses kartonierte Heft mit dem hochtrabenden Namen „Tagebuch" jemals jemanden lesen zu lassen, es sei denn, ich würde irgendwann in meinem Leben „den" Freund oder „die" Freundin finden, ist es auch egal.
Nun bin ich bei dem Punkt angelangt, an dem die ganze Tagebuch-Idee angefangen hat: Ich habe keine Freundin.

Um noch deutlicher zu sein, muss hier eine Erklärung folgen, denn niemand kann verstehen, dass ein Mädchen von dreizehn ganz allein auf der Welt steht. Das ist auch nicht wahr. Ich habe liebe Eltern und eine Schwester von sechzehn, ich habe, alle zusammengezählt, mindestens dreißig Bekannte oder was man so Freundinnen nennt. Ich habe einen Haufen Anbeter, die mir alles von den Augen ablesen [...]. Ich kann mit keinem von meinen Bekannten etwas anderes tun als Spaß machen, ich kann nur über alltägliche Dinge sprechen und werde nie intimer mit ihnen. Das ist der Haken. Vielleicht liegt dieser Mangel an Vertraulichkeit auch an mir. Jedenfalls ist es so, leider, und nicht zu ändern. Darum dieses Tagebuch.
Um nun die Vorstellung der ersehnten Freundin in meiner Fantasie noch zu steigern, will ich nicht einfach Tatsachen in mein Tagebuch schreiben wie alle andern, sondern ich will dieses Tagebuch die Freundin selbst sein lassen, und diese Freundin heißt *Kitty*.

Anne Frank: Tagebuch. Fassung von Otto H. Frank und Mirjam Pressler. Aus dem Niederländischen von Mirjam Pressler. 16. Aufl. Frankfurt/M.: Fischer Taschenbuch Verlag 2010, S. 18 ff. © S. Fischer Verlag, Frankfurt/M. 1988

Produktion und Rezeption

Schreiben – Die Funktion des Tagebuchs erarbeiten (Teil 2)

2 a) *Markiere in den folgenden Auszügen weitere Gründe, Tagebuch zu schreiben.*
b) *Ergänze Annes Motive zu schreiben in deinem Schaubild auf dem Arbeitsblatt S. 30.*

Liebe Kitty!   Mittwoch, 29. März 1944
Gestern Abend sprach Minister Bolkestein im Sender Oranje darüber, dass nach dem Krieg eine Sammlung von Tagebüchern und Briefen aus dieser Zeit herauskommen soll. Natürlich stürmten alle gleich auf mein Tagebuch los. Stell dir vor, wie interessant es wäre, wenn ich einen Roman vom Hinterhaus herausgeben würde. Nach dem Titel allein würden die Leute denken, dass es ein Detektivroman wäre.
Aber im Ernst. Es muss ungefähr zehn Jahre nach dem Krieg schon seltsam erscheinen, wenn erzählt wird, wie wir Juden hier gelebt, gegessen und gesprochen haben. Auch wenn ich dir viel von uns erzähle, weißt du trotzdem nur ein kleines bisschen von unserem Leben. Wie viel Angst die Damen haben, wenn bombardiert wird [...]. (S. 233)

          Mittwoch, 5. April 1944
[...] Keiner, der nicht selbst schreibt, weiß, wie toll Schreiben ist. Früher habe ich immer bedauert, dass ich überhaupt nicht zeichnen kann, aber jetzt bin ich überglücklich, dass ich wenigstens schreiben kann.
Und wenn ich nicht genug Talent habe, um Zeitungsartikel oder Bücher zu schreiben, nun, dann kann ich noch immer für mich selbst schreiben. Aber ich will weiterkommen. Ich kann mir nicht vorstellen, dass ich so leben muss wie Mutter, Frau van Daan und all die anderen Frauen, die ihre Arbeit machen und später vergessen sind. Ich muss neben Mann und Kindern etwas haben, dem ich mich ganz widmen kann! O ja, ich will nicht umsonst gelebt haben wie die meisten Menschen. Ich will den Menschen, die um mich herum leben und mich doch nicht kennen, Freude und Nutzen bringen. Ich will fortleben, auch nach meinem Tod. Und darum bin ich Gott so dankbar, dass er mir bei meiner Geburt schon eine Möglichkeit mitgegeben hat, mich zu entwickeln und zu schreiben, also alles auszudrücken, was in mir ist.
Mit Schreiben werde ich alles los. Mein Kummer verschwindet, mein Mut lebt wieder auf. Aber, und das ist die große Frage, werde ich jemals etwas Großes schreiben können, werde ich jemals Journalistin und Schriftstellerin werden?
Ich hoffe es, ich hoffe es so sehr! Mit Schreiben kann ich alles ausdrücken, meine Gedanken, meine Ideale und meine Fantasien. [...] (S. 238)

Anne Frank: Tagebuch. Fassung von Otto H. Frank und Mirjam Pressler. Aus dem Niederländischen von Mirjam Pressler.
16. Aufl. Frankfurt/M.: Fischer Taschenbuch Verlag 2010 © S. Fischer Verlag, Frankfurt/M. 1988

3 *Diskutiert in Kleingruppen am Beispiel von Anne Franks Tagebuch, warum solche persönlichen Aufzeichnungen auch für andere als ihre Verfasserin lesenswert sein können.*
a) *Überlege dir Argumente und notiere sie auf einem separaten Blatt.*
b) *Führt die Diskussion.*
c) *Haltet euer Ergebnis jede/r für sich schriftlich fest.*

_____

_____

_____

_____

_____

_____

■ Produktion und Rezeption

Zur Entstehung des Tagebuchs – Informationen visualisieren (Teil 1)

1 *Informiere dich anhand der folgenden Texte über die Entstehung und Verbreitung des Tagebuchs.*
a) Markiere in jedem der drei Texte Aussagen, die über Annes Schreibprozess Auskunft geben.
b) Markiere wichtige Daten und erläutere diese am Rand knapp in eigenen Worten.

Text 1: Auf dem Weg zur Schriftstellerin: Anne verdichtet ihre Notizen

Zu ihrem 12. Geburtstag erhielt Anne Frank ein rötlich-gelb kariertes Tagebuch geschenkt, das sie fortan Kitty nennt, der sie in Briefen schreibt. Die Eintragungen reichen vom 12. Juni 1942 bis zum 5. Dezember 1942. Ihm folgt ein in braunes Packpapier geschlagenes schwarzes Geschäftsbuch, das Anne am 7. Dezember
5 *1943 zu schreiben begonnen hat. Das dritte Tagebuch beginnt am 17. April 1944 und reicht bis zum 1. August 1944.*

Dass wir trotz des verlorenen Tagebuchs [das die Zeit zwischen Dezember 1942 und Dezember 1943 umfasst] wissen, was zwischen Dezember 1942 und Dezember 1943 geschah, verdanken wir einer Rede, die der Minister für
10 Unterricht, Künste und Wissenschaften am 28.3.1944 aus dem Exil über Radio Oranje an das holländische Volk richtete. Er sagte: „Geschichte kann nicht nur auf Grund offizieller Unterlagen und Archivakten geschrieben werden. Soll das nachkommende Geschlecht voll und ganz begreifen, was wir als Volk in diesen Jahren mitgemacht und überstanden haben, dann
15 brauchen wir gerade die einfachen Schriftstücke – ein Tagebuch, Briefe eines Arbeiters aus Deutschland, die Ansprachenreihe eines Pfarrers oder Priesters. Erst wenn es uns gelingt, dieses einfache, alltägliche Material in überwältigender Menge zusammenzutragen, erst dann wird das Bild dieses Freiheitskampfes in voller Tiefe und in vollem Glanz gemalt werden kön-
20 nen." (Zitiert nach Miriam Pressler: Ich sehne mich so. Die Lebensgeschichte der Anne Frank. Weinheim und Basel: Beltz & Gelberg 1992, S. 27)

[...] Wegen der Papierknappheit hatte sie [Anne] sich vom Büro, vermutlich von Miep, Durchschlagpapier geben lassen, wie es für Kopien beim Schreibmaschinenschreiben benutzt wurde. Auf diese dünnen Blätter schrieb sie
25 nun ihre eigenen Tagebücher ab. [...] So entstand eine zweite, von ihr selbst verfasste Version ihrer Tagebücher, [...] die heute „Version b" genannt wird. Auch das fehlende Jahr ist in dieser Zweitfassung enthalten, Anne muss also damals noch über das verloren gegangene Buch verfügt haben. Doch auch diese zweite Version ist unvollständig geblieben. Anne kam mit ihrer Ab-
30 schrift und der Umarbeitung nur bis zum 29. März 1944. Die Zeit bis zum 1. August findet sich dann wieder ausschließlich in ihrem normalen Tagebuch (Version a), das sie die ganze Zeit weiterführte.

Text 2: Das Tagebuch in der Zensur: Otto Frank sucht einen Verlag

Otto Frank schrieb einige Seiten des Tagebuchs ab, ließ sie ins Deutsche übersetzen und schickte sie an seine Verwandten in Basel und an Freunde. Ermutigt durch die positive Resonanz entschloss er sich nach anfänglichen Bedenken, das Tagebuch zu veröffentlichen. Ausschlaggebend für seine Ent-
5 scheidung war vielleicht Annes Wunsch: Ich will den Menschen, die um mich herum leben und mich doch nicht kennen, Freude und Nutzen bringen. Ich will fortleben, auch nach meinem Tod (5. April 1944). Davon abgesehen sah er in dem Tagebuch vor allem ein „Zeitdokument", „den Bericht eines untergetauchten jüdischen Mädchens in den Niederlanden während
10 der deutschen Besatzungszeit" (Pressler, S. 33). Er war der Erste, der die Tagebücher überhaupt las, und er las sie als Vater, als Ehemann, als Freund der Familie van Pels und Fritz Pfeffers und als Mann, als Mann seiner Zeit. In dem Bestreben, das „Wesentliche", das seiner Meinung nach Objektive des Schrifttums seiner Tochter zu überliefern, traf er eine subjektive Auswahl.
15 Sehr abschätzige Bemerkungen Annes über ihre Mutter oder die Familie

Produktion und Rezeption

Zur Entstehung des Tagebuchs – Informationen visualisieren (Teil 2)

van Pels wurden gemildert oder ebenso gestrichen wie ihre für die damalige Zeit überraschend offene Darstellung ihrer körperlichen Entwicklung. Endresultat der Redaktionsarbeit des Vaters war eine gekürzte dritte Version des Tagebuchs, eine Version c, die sich aus Annes a- und b-Versionen zusam-
20 mensetzte. [...] 1947 erschien das Tagebuch schließlich mit dem Titel „Het Achterhuis: Dagboek-brieven van 14. Juni 1942 – 1. August 1944" im Contact Verlag Amsterdam in einer Auflage von 1500 Exemplaren. 1950 wurde es in Frankreich und nach einigem Zögern auch in Deutschland veröffentlicht. Ein Jahr später folgte die englische Ausgabe, gefolgt von der amerika-
25 nischen und japanischen Edition. Den endgültigen Durchbruch erzielte das Tagebuch durch die von Frances Goodrich und Albert Hacket erstellte Bühnenversion, die am 5. Oktober 1955 im Cort Theatre in New York uraufgeführt wurde.

Text 3: Vom Vorwurf der Fälschung zum Bestseller
[...] 1957 wurde die Echtheit des Tagebuchs bestritten. Man bezweifelte, dass eine Fünfzehnjährige in der Lage war, solche Gedanken und Gefühle, wie sie in dem Tagebuch zum Ausdruck kommen, zu äußern. 1980 schließlich wurden handschriftliche Verbesserungen im Original entdeckt, die von ei-
5 nem Kugelschreiber stammten, einem Schreibgerät, das erst nach dem Krieg erhältlich war. Daraufhin veranlasste das niederländische Reichsinstitut für Kriegsdokumentation eine gründliche wissenschaftliche Untersuchung der Hefte. Man konnte nachweisen, dass die Verbesserungen von Otto Frank stammten, der Stil- und Orthografiefehler sowie Germanismen seiner Toch-
10 ter korrigiert hatte. [...] Als die Echtheit zweifelsfrei feststand, veröffentlichte das Staatliche Institut für Kriegsdokumentation eine so genannte „Kritische Ausgabe" des Tagebuchs, die Annes Originalversion (a), ihre eigene Bearbeitung (b) und die Version Otto Franks (c) nebeneinanderstellt. Auf der Grundlage dieser Ausgabe wurde 1992 eine neue Taschenbuchausgabe ver-
15 öffentlicht, die auch die Briefe enthält, die der Vater „zensiert" hatte. Die Übersetzung wurde durch Mirjam Pressler aktualisiert.

Die Texte 1–3 stammen aus: Anne Frank. Ein Lesebuch. Reihe EinFach Deutsch. Erarb. v. Dorothea Waldherr und Ute Hiddemann. Hrsg. v. Johannes Diekhans. Paderborn: Schöningh Verlag 2010, S. 200 f., 202 f., 205

2 *Stell die gesammelten Informationen in einem Flussdiagramm zusammen, das die Entstehung und Verbreitung von Anne Franks Tagebuch veranschaulicht.*

TIPP

Ein **Flussdiagramm** dient dazu, Abläufe zu veranschaulichen.
Notiere dazu untereinander stichpunktartig wesentliche Ereignisse, sodass der chronologische Ablauf deutlich wird. Mit Pfeilen zwischen den Stichworten werden die Zusammenhänge veranschaulicht.

```
Anne beginnt Version a ...
        ↓
schwarzes Geschäftsbuch
        ↓
        ...
```

Produktion und Rezeption

Original oder Überarbeitung? – Zwei Fassungen vergleichen (Teil 1)

Anne schrieb ihre Tagebücher, die so genannte Version a, ab und bearbeitete sie. Sie ordnete Einträge um, fügte Briefe zusammen, kürzte und ergänzte oder schrieb neue Passagen. Auf diese Weise entstand eine zweite Version der Tagebücher, die heute Version b genannt wird.

 1 *Analysiert die beiden Auszüge aus Anne Franks Tagebuch in Vierergruppen. Dazu lesen und untersuchen zwei Schülerinnen und Schüler Text 1 und die anderen beiden Text 2 und bearbeiten folgende Aufgaben:*
  a) Fasst den Inhalt knapp zusammen und benennt auffällige stilistische Mittel.
  b) Stellt Vermutungen darüber an, ob der von euch untersuchte Text der Tagebuchversion a oder b zugeordnet werden kann. Begründet eure Entscheidung inhaltlich und stilistisch.

Text 1

Liebe Kitty!   Mittwoch, 8. Juli 1942
Zwischen Sonntagmorgen und jetzt scheinen Jahre zu liegen. Es ist so viel geschehen, als hätte sich plötzlich die Welt umgedreht. Aber, Kitty, du merkst, dass ich noch lebe, und das ist die Hauptsa-
5 che, sagt Vater. Ja, in der Tat, ich lebe noch, aber frage nicht, wo und wie. Ich denke, dass du mich heute überhaupt nicht verstehst, deshalb werde ich einfach anfangen, dir zu erzählen, was am Sonntag geschehen ist.
10 Um 3 Uhr (Hello war eben weggegangen und wollte später zurückkommen) klingelte jemand an der Tür. Ich hatte es nicht gehört, da ich faul in einem Liegestuhl auf der Veranda in der Sonne lag und las. Kurz darauf erschien Margot ganz aufgeregt an der
15 Küchentür. „Für Vater ist ein Aufruf von der SS gekommen", flüsterte sie. „Mutter ist schon zu Herrn van Daan gegangen." (Van Daan ist ein guter Bekannter und Teilhaber in Vaters Firma).
Ich erschrak schrecklich. Ein Aufruf! Jeder weiß,
20 was das bedeutet. Konzentrationslager und einsame Zellen sah ich vor mir auftauchen, und dahin sollten wir Vater ziehen lassen müssen? „Er geht natürlich nicht", erklärte Margot, als wir im Zimmer saßen und auf Mutter warteten. „Mutter ist zu van
25 Daan gegangen und fragt, ob wir schon morgen in unser Versteck umziehen können. Van Daans gehen mit. Wir sind dann zu siebt."
Stille. Wir konnten nicht mehr sprechen. Der Gedanke an Vater, der, nichts Böses ahnend, einen Be-
30 such im jüdischen Altersheim machte, das Warten auf Mutter, die Hitze, die Anspannung ... das alles ließ uns schweigen.
Plötzlich klingelte es wieder. „Das ist Hello", sagte ich. Margot hielt mich zurück. „Nicht aufmachen!"
Aber das war überflüssig. Wir hörten Mutter und 35 Herrn van Daan unten mit Hello reden. Dann kamen sie herein und schlossen die Tür hinter sich. Bei jedem Klingeln sollten Margot oder ich nun leise hinuntergehen, um zu sehen, ob es Vater war. Andere Leute ließen wir nicht rein. Margot und ich 40 wurden aus dem Zimmer geschickt, van Daan wollte mit Mutter allein sprechen.
Als Margot und ich in unserem Schlafzimmer saßen, erzählte sie, dass der Aufruf nicht Vater betraf, sondern sie. Ich erschrak erneut und begann zu wei- 45 nen. Margot ist sechzehn. So junge Mädchen wollten sie wegschicken? Aber zum Glück würde sie nicht gehen, Mutter hatte es selbst gesagt. Und vermutlich hatte auch Vater das gemeint, als er mit mir über Verstecken gesprochen hatte.   50
Verstecken! Wo sollten wir uns verstecken? In der Stadt? Auf dem Land? In einem Haus, in einer Hütte? Wann? Wie? Wo? Das waren Fragen, die ich nicht stellen konnte und die mich doch nicht losließen.   55
Margot und ich fingen an, das Nötigste in unsere Schultaschen zu packen. Das Erste, was ich hineintat, war dieses gebundene Heft, danach Lockenwickler, Taschentücher, Schulbücher, einen Kamm, alte Briefe. Ich dachte ans Untertauchen und stopfte des- 60 halb die unsinnigsten Sachen in die Tasche. [...]

Anne Frank: Tagebuch. Fassung von Otto H. Frank und Mirjam Pressler. Aus dem Niederländischen von Mirjam Pressler. 16. Aufl. Frankfurt/M.: Fischer Taschenbuch Verlag 2010, S. 32 f. © S. Fischer Verlag, Frankfurt/M. 1988

Produktion und Rezeption

Original oder Überarbeitung? – Zwei Fassungen vergleichen (Teil 2)

Text 2

Mittwoch, 8. Juli 1942

Ich muss jetzt noch eine ganze Menge in mein Tagebuch schreiben. ... ungefähr 3 Uhr kam ein Polizist zu Mutter und rief unten an der Tür, Frl. Margot Frank, Mutter ging hinunter und erhielt von dem Agent eine Karte, auf der stand, dass Margot Frank sich bei der SS melden müsste.

Mutter war ganz durcheinander und ging sofort zu Herrn van Pels, er kam sofort mit zu uns und mir wurde erzählt, dass Papa aufgerufen war. Die Tür wurde abgeschlossen und niemand durfte mehr in unsere Wohnung. Papa und Mama hatten schon längst Maßnahmen ergriffen, und Mutter versicherte mir, dass Margot nicht gehen würde und dass wir am nächsten Tag alle weggehen würden. Ich fing natürlich sehr an zu weinen und es war eine entsetzliche Hektik bei uns in der Wohnung. Papa und Mama hatten schon lange eine Menge Sachen aus der Wohnung gebracht, aber wenn es darauf ankommt, vermisst man noch so viel.

Miep Gies und ihr Mann Jan kamen bis abends 11 Uhr, um noch Sachen abzuholen. Wir gingen am folgenden Tag schon um Viertel vor acht aus dem Haus. Ich hatte eine (kombineschen) an, dann zwei Hemden und zwei Hosen, dann ein Kleid und einen Rock, dann eine wollene Strickjacke und einen Mantel, es goss, also tat ich ein Kopftuch an, und Mama und ich nahmen jede eine Schultasche unter den Arm. Margot fuhr auch mit einer Schultasche auf dem Fahrrad, und wir mussten zu Fuß gehen zum Büro.

Die Tagebücher der Anne Frank. Einf. von Harry Paape. Ed. gest. der Tagebuchtexte: David Barnouw und Gerold von der Stroom. Aus dem Niederländischen von Mirjam Pressler. Frankfurt/M.: S. Fischer Verlag 1988, S. 248 f.

2 a) *Informiert euch in eurer Vierergruppe über eure Zuordnung und stellt dabei eure Untersuchungsergebnisse in der folgenden Tabelle vergleichend gegenüber.*
b) *Prüft euer Ergebnis mit Hilfe des Lösungsstreifens.*

Kriterium	Version a	Version b
Gemeinsamkeiten		
Inhalt		
Sprache/Stil		

Hier bitte abschneiden! ....✂

Text 1 stammt aus Version b, Text 2 stammt aus Version a.

Produktion und Rezeption

Die „Anne-Frank-Industrie" – Stellung nehmen

1 a) Untersuche, wie die Nachwelt mit Anne Franks Tagebuch umgeht, indem du Positives und Negatives im Umgang mit Annes Geschichte in unterschiedlichen Farben markierst.

b) Überlegt in Kleingruppen, welche Funktion das Hinterhaus für heutige Besucher haben sollte. Haltet eurer Ergebnis schriftlich fest.

Mehr als fünfundzwanzig Millionen Exemplare des „Dagboek van Anne Frank" sind verkauft worden, eine „Definitive Edition" des Tagebuches ist auf dem Markt, und das Bühnenstück wird noch immer überall aufgeführt. Millionen von Besuchern im Hinterhaus. Auch die Anne-Frank-Ausstellungen neueren Datums auf der ganzen Welt ziehen jährlich Hunderttausende von Besuchern an: Worauf beruht denn nun der Erfolg von Tagebuch und Hinterhaus?

Eine talentierte Schriftstellerin, ein gewöhnliches jüdisches Mädchen, das Opfer des Holocaust[1] wurde. [...] Wer oder was ist Anne Frank eigentlich?

Gerade deshalb, weil man ihre Stimme nicht mehr hören kann, ist es jedem überlassen, sich sein Bild von Anne zu machen, auf Grund eigener Lektüre und unzähliger (Re-)Interpretationen des Tagebuchs [...]. Es ist von Nationalität, Rasse, Herkunft, Geschlecht, Alter und einigen weiteren Faktoren abhängig, wie man Anne sieht. Und es hängt auch noch von der Zeit ab, in welcher man sich sein Bild von der Geschichte macht. [...]

Durch die große Popularität des ehemaligen Verstecks Anne Franks muss die 1957 zum Erhalt des Hinterhauses gegründete Anne-Frank-Stiftung sich allerdings die Frage nach der Funktion des Hauses ständig neu stellen: Wallfahrtsort oder Bildungsstätte?

[In Amerika] ist Anne [...] mehr als anderswo die „Broadway- und Hollywood-Anne". [...] Die erste Verfilmung (1957) erfolgte durch George Stevens, einen amerikanischen Regisseur, und fand [...] in Beverly Hills statt, wo eine Kopie des Hinterhauses aufgebaut worden war. [...] „Nicht nur die Unternehmer, auch die Boulevardblätter, und wahrscheinlich nicht nur sie, haben aus den Empfindungen Kapital geschlagen", [klagt das Filmforum. Und De Tijd kritisiert:] „Nun reicht es, sollte man meinen. Aber das Reklamebusiness übertrifft sich selbst. [...] Dass man in Amerika für derartige Dinge kein Gespür hat, können wir diesen Geschäftsleuten nicht verübeln. Sie haben die Besetzung nicht miterlebt. [...] Uns dünkt [...] einfach die Geldgier, die fast grenzenlos ist und kaum ein Mittel scheut, zum Ziel zu kommen. [...]"

Dass sowohl Steven Spielbergs „Schindlers Liste" wie auch der Dokumentarfilm „Anne Frank Remembered" von Jon Blair 1994 und 1996 Oscars bekamen, ist auch ein Ausdruck der „Popularität" des Holocaust in den Vereinigten Staaten. Es ist kein Wunder, dass man sich [...] dafür interessiert, wie dieser Holocaust nach dem Krieg dargestellt wurde. Und da stieß man schon bald auf die kleine Anne Frank, die damals das universale Symbol des Leidens geworden war.

nach: David Barnouw: Anne Frank. Vom Mädchen zum Mythos. München: Econ & List Taschenbuch Verlag 1999, S. 65 f.

[1] **Holocaust:** Massenvernichtung menschlichen Lebens, vor allem der Juden durch die Nationalsozialisten

2 Stell dir vor, die Anne-Frank-Stiftung in Amsterdam beschließt den Verkauf von Füllfederhaltern, auf denen der Schriftzug „Anne Frank" eingraviert ist. Formuliere in einem Brief an die Geschäftsleitung deine Meinung.
a) Sammle zunächst Argumente dafür und dagegen.

Argumente für den Füller mit Schriftzug	Bedenken gegen den geplanten Füller
☐ motiviert zum Schreiben	☐ kitschiges Souvenir
...	...

b) Formuliere deine Stellungnahme. Du kannst deinen Brief so beginnen:

Sehr geehrte Mitarbeiter der Anne-Frank-Stiftung!
Ich habe von Ihrer Souvenir-Idee gehört, Füllfederhalter mit dem Schriftzug „Anne Frank" zu verkaufen. Ich halte dieses Vorhaben für eine gute Idee ... / Ich protestiere entschieden gegen eine derartige Vermarktung von Anne Frank. ...

Produktion und Rezeption

Anne Frank und ihr Tagebuch – Einen informierenden Text schreiben

1 *Bereite einen Text für die Schülerzeitung vor, in dem Anne Frank als Person und Schriftstellerin vorgestellt wird. Lege zunächst eine Stoffsammlung an. Übertrage dazu die Mind-Map in dein Heft und ergänze die verschiedenen Aspekte.*

Daten zur Biografie

Umstände ihres Todes

Annes Charakter

Anne Frank

Foto: akg-images

historischer Kontext

Das Tagebuch

Themen/heutige Bedeutung

2 *Formuliere den Text.*

TIPP

Beachte folgende Hinweise zum Schreiben informativer Texte:
- Formuliere eine treffende **Überschrift**.
- Wichtig ist die **Einleitung**, denn hier entscheidet sich, ob die Leserinnen und Leser weiterlesen oder nicht. Möglich ist z. B. die Beschreibung einer charakteristischen Situation.
  Du kannst so beginnen:
  - *Anne Frank war ein jüdisches Mädchen, das es liebte zu schreiben. Da sie so gerne schrieb, bekam sie zu ihrem 13. Geburtstag ein Tagebuch geschenkt, in dem sie ihre Gedanken und Gefühle festhielt.*
  - *Ein nettes, lebhaftes, eigenwilliges, aber manchmal auch dickköpfiges Mädchen mit immer guter Laune, das war Anne Frank.*
- Die Darstellung der Person und der Ereignisse im **Hauptteil** sollte leserfreundlich formuliert sein: Achte auf einen sinnvollen Aufbau. Schachtelsätze sollte man vermeiden. Tatsachenbehauptungen werden in der indirekten Rede und im Konjunktiv wiedergegeben. Wörtliche Zitate machen den Text lebendig. Die Haltung des Verfassers zum Gegenstand wird durch persönliche Wertungen veranschaulicht.

3 a) *Tausche deinen Text mit dem deiner Tischnachbarin oder deines Tischnachbarn und lest die Texte kritisch. Gebt euch Rückmeldung im Hinblick auf*
- *Inhalt und Aufbau,*
- *Satzbau, richtige Verwendung von indirekter Rede und wörtlichen Zitaten,*
- *sprachliche Richtigkeit und Ausdruck.*

b) *Überarbeite deinen Text.*

Einen Text produktiv umschreiben

Anne Frank: Tagebuch

Beste Kitty!   Freitag, 14. August 1942
[...] Wir aßen am ersten Tag unseres Zusammenseins gemütlich miteinander, und nach drei Tagen hatten wir alle sieben das Gefühl, dass wir eine große Familie geworden waren. Selbstverständlich wussten die van Daans noch viel zu erzählen, sie hatten eine Woche länger in der Welt draußen verbracht. Unter anderem interessierte uns sehr, was mit unserer Wohnung und mit Herrn Goldschmidt passiert war. Herr van Daan erzählte: „Montagmorgen um neun Uhr rief Goldschmidt an und fragte, ob ich mal schnell vorbeikommen könnte. Ich ging sofort hin und fand ihn in großer Aufregung vor. Er gab mir den Zettel zu lesen, den Sie zurückgelassen hatten, und wollte die Katze laut Anweisung zu den Nachbarn bringen, was ich sehr gut fand. Er hatte Angst vor einer Hausdurchsuchung, deshalb gingen wir durch alle Zimmer, deckten den Tisch ab und räumten ein bisschen auf. Plötzlich entdeckte ich auf Frau Franks Schreibtisch einen Zettel, auf dem eine Adresse in Maastricht stand. Obwohl ich wusste, dass Frau Frank ihn absichtlich hingelegt hatte, tat ich sehr erstaunt und erschrocken und bat Herrn Goldschmidt dringend, dieses Unglückspapierchen zu verbrennen. Die ganze Zeit blieb ich dabei, dass ich nichts von Ihrem Verschwinden wüsste. Aber nachdem ich den Zettel gesehen hatte, bekam ich eine gute Idee. ‚Herr Goldschmidt', sagte ich, ‚jetzt fällt mir auf einmal ein, was diese Adresse bedeuten kann. Ich erinnere mich genau, dass vor ungefähr einem halben Jahr ein hoher Offizier im Büro war, der sich als ein Jugendfreund von Herrn Frank erwies und versprach, ihm zu helfen, wenn es nötig sein würde, und der tatsächlich in Maastricht stationiert war. Ich nehme an, er hat Wort gehalten und die Franks auf irgendeine Art nach Belgien und von dort in die Schweiz gebracht. Erzählen Sie das auch den Bekannten, die vielleicht nach den Franks fragen. Maastricht brauchen Sie dann natürlich nicht zu erwähnen.' Und damit ging ich weg. Die meisten Bekannten wissen es jetzt schon, denn ich habe meinerseits schon von verschiedenen Seiten diese Erklärung gehört."
Wir fanden die Geschichte sehr witzig, lachten aber noch mehr über die Einbildungskraft der Leute. So hatte eine Familie vom Merwedeplein uns alle vier morgens auf dem Fahrrad vorbeikommen sehen, und eine andere Frau wusste sicher, dass wir mitten in der Nacht auf ein Militärauto geladen worden waren.   Deine Anne

Anne Frank: Tagebuch. Fassung von Otto H. Frank und Mirjam Pressler. Aus dem Niederländischen von Mirjam Pressler. 16. Aufl. Frankfurt/M.: Fischer Taschenbuch Verlag 2010, S. 42 f. © S. Fischer Verlag, Frankfurt/M. 1988

1 *Ordne den Tagebucheintrag vom 14. August 1942 in das von Anne Frank beschriebene Geschehen ein. Fass dazu zusammen, unter welchen Umständen die Familien Frank und van Daan ins Hinterhaus gezogen sind.*

2 *a) Markiere in Herrn van Daans Ausführungen über die Flucht der Familie Frank sämtliche Angaben, die auf die W-Fragen (Wer?, Was?, Wann?, Wo?, Warum?, Wie?) Antworten geben.*
b) Formuliere auf der Grundlage deiner Markierungen unter der Überschrift „Wieder eine Flucht geglückt" einen Bericht für die Amsterdamer Tageszeitung „Volkskrant".

Einen literarischen Text untersuchen

Anne Frank: Tagebuch

Liebe Kitty! Samstag, 27. November 1943
Gestern vor dem Einschlafen stand mir plötzlich Hanneli vor den Augen.

Ich sah sie vor mir, in Lumpen gekleidet, mit einem eingefallenen und abgemagerten Gesicht. Ihre Augen waren sehr groß, und sie sah mich so traurig und vorwurfsvoll an, dass ich in ihren Augen lesen konnte: „Oh Anne, warum hast du mich verlassen? Hilf, o hilf mir, rette mich aus dieser Hölle!"

Und ich kann ihr nicht helfen. Ich kann nur zuschauen, wie andere Menschen leiden und sterben. Ich muss untätig dasitzen und kann Gott nur bitten, sie zu uns zurückzuführen. Ausgerechnet Hanneli sah ich, niemand anderen, und ich verstand es. Ich habe sie falsch beurteilt, war noch zu sehr Kind, um ihre Schwierigkeiten zu begreifen. Sie hing an ihrer Freundin, und für sie sah es aus, als wollte ich sie ihr wegnehmen. Wie muss sich die Ärmste gefühlt haben! Ich weiß es, ich kenne dieses Gefühl selbst so gut!

Manchmal, wie ein Blitz, erkannte ich etwas von ihrem Leben und ging dann, egoistisch, sofort wieder in meinen eigenen Vergnügungen und Schwierigkeiten auf.

Es war gemein, wie ich mit ihr umgegangen bin, und jetzt schaute sie mich mit ihrem blassen Gesicht und ihren flehenden Augen so hilflos an. Könnte ich ihr bloß helfen! O Gott, dass ich hier alles habe, was ich mir wünschen kann, und dass sie vom Schicksal so hart angefasst worden ist! Sie war mindestens genauso fromm wie ich, sie wollte auch das Gute. Warum wurde ich dann auserwählt, um zu leben, und sie musste womöglich sterben? Welcher Unterschied war zwischen uns? Warum sind wir jetzt so weit voneinander entfernt?

Ehrlich gesagt, ich habe sie monatelang, ja ein Jahr, fast vergessen. Nicht ganz, aber doch nicht so, dass ich sie in all ihrem Elend vor mir sah.

Ach, Hanneli, ich hoffe, dass ich dich bei uns aufnehmen kann, wenn du das Ende des Krieges erlebst, um etwas von dem Unrecht an dir gutzumachen, das ich dir angetan habe.

Aber wenn ich wieder imstande bin, ihr zu helfen, hat sie meine Hilfe nicht mehr so nötig wie jetzt. Ob sie manchmal an mich denkt? Und was sie dann wohl fühlt?

Lieber Gott, hilf ihr, dass sie wenigstens nicht allein ist. Wenn du ihr nur sagen könntest, dass ich mit Liebe und Mitleid an sie denke, es würde sie vielleicht in ihrem Durchhaltevermögen stärken.

Ich darf nicht weiter denken, denn ich komme nicht davon los. Ich sehe immer wieder ihre großen Augen, die mich nicht loslassen. Hat Hanneli wirklich den Glauben in sich selbst? Hat sie ihn nicht von außen aufgedrängt bekommen? Ich weiß es nicht, nie habe ich mir die Mühe gemacht, sie danach zu fragen.

Hanneli, Hanneli, könnte ich dich bloß wegholen von dem Ort, an dem du jetzt bist, könnte ich dich an allem teilhaben lassen, was ich genieße! Es ist zu spät, ich kann nicht mehr helfen und nicht mehr gutmachen, was ich falsch gemacht habe. Aber ich werde sie niemals vergessen und immer für sie beten!
Deine Anne

Anne Frank: Tagebuch. Fassung von Otto H. Frank und Mirjam Pressler. Aus dem Niederländischen von Mirjam Pressler. 16. Aufl. Frankfurt/M.: Fischer Taschenbuch Verlag 2010, S. 150. © S. Fischer Verlag, Frankfurt/M. 1988

1 *Anne reflektiert in ihren Tagebucheinträgen oft das Schicksal der von den Nationalsozialisten verfolgten jüdischen Mitmenschen.*
Fass zusammen,
- *in welchem Verhältnis Hanneli zu Anne steht,*
- *an welchem Ort Anne sie sieht und*
- *wie sie beschrieben wird.*

2 *Untersuche ausgehend von dem Tagebuchauszug, wie Anne mit dem Wissen um Hannelis Schicksal umgeht. Beschreibe dazu, wie Anne auf das Bild reagiert, das sie von Hanneli sieht, und erläutere, welche Rolle Gott und der Glaube in diesem Zusammenhang spielen.*

Didaktischer Kommentar

Dieses Heft mit Kopiervorlagen beinhaltet eine Unterrichtsreihe zum Tagebuch der Anne Frank. Die Materialien bieten Möglichkeiten zum Einstieg in die Arbeit mit diesem Werk und Hilfestellungen in der Phase der Lektüre. Dabei wird zunächst das Grundverständnis des Textes gesichert, um sich anschließend den verschiedenen Personen rund um Anne Frank sowie Anne Frank selbst zu nähern. In einem weiteren Schritt werden das Geschehen und der Ort des Geschehens genauer betrachtet. Die Arbeitsblätter ermöglichen eine intensive Auseinandersetzung mit thematischen Aspekten wie dem Judentum oder den Auswirkungen des Kriegs, die sich aus dem historischen Kontext der Judenverfolgung während des Zweiten Weltkriegs ergeben. Außerdem liefern die Kopiervorlagen Materialien, anhand derer der Entstehungsprozess des Tagebuchs nachvollzogen werden kann und die Schüler/innen aufgefordert werden, sich mit der Rezeption des Werks kritisch zu beschäftigen. Abgerundet werden die Arbeitsblätter mit Vorschlägen zu Klassenarbeiten und einem Lösungsteil.

Die Blätter können in der hier vorgeschlagenen Reihenfolge verwendet, aber auch in binnendifferenzierter Gruppenarbeit miteinander kombiniert werden. Hinweise dazu finden sich in den folgenden Ausführungen.

Die Aufgaben berücksichtigen verschiedene Verwendungssituationen. Sie bieten Anlässe zu Einzel-, Partner- und Gruppenarbeit. Die Arbeitsblätter können sowohl in Einzel- und Doppelstunden sowie als Hausaufgabe verwendet werden, sie eignen sich außerdem für den Vertretungsunterricht. Die vorliegenden Blätter haben zum Ziel, das selbstgesteuerte und kooperative Lernen zu fördern und zur Selbstevaluation anzuleiten.

Einstieg

Die Kopiervorlage *Das Tagebuch der Anne Frank – Erste Eindrücke sammeln* (S. 5) dient als Einstieg in die Lektüre. So sollen die Schüler/innen ihre eigenen Leseerfahrungen mit dem Tagebuch schriftlich festhalten und sich mit ihren Mitschüler/innen darüber austauschen. Die zitierten Stimmen zum Werk ermöglichen eine vertiefte Reflexion über die Wirkung des Tagebuchs.

Inhaltssicherung

Mit dem Arbeitsblatt *Anne Frank stellt sich vor – Einen Lebenslauf erarbeiten* (S. 6 f.) erfolgt zum einen die zeitliche Einbettung dieses Tagebuchs und damit eine erste Einführung in die historischen Umstände der Judenverfolgung während des Zweiten Weltkriegs. Zum anderen bündeln die Schüler/innen ausgehend von einem Tagebucheintrag wichtige Einzelheiten aus der Biografie der Autorin.

Die Kopiervorlagen *Die Nationalsozialisten an der Macht – Einen Zeitstrahl anlegen* (S. 8 f.) bieten eine weitere Möglichkeit zur zeithistorischen Einordnung des Tagebuchs. Sie enthalten einen Sachtext über den Nationalsozialismus, der von den Schüler/innen erschlossen und in Form eines Zeitstrahls zusammengefasst werden soll.

Die Menschen im Hinterhaus

Die Kopiervorlagen *Anne Frank – Ihre Selbstaussagen auswerten* (S. 10) und *Äußerungen über Anne Frank – Ein Porträt verfassen* (S. 11 f.) stellen auf drei Seiten Material für eine Charakterisierung der Autorin zur Verfügung. Dabei setzen sich die Schüler/innen zunächst anhand vorgegebener Briefe mit Annes Selbstaussagen auseinander. Anschließend werden ihnen die Meinungen verschiedener Zeitgenossen Anne Franks und damit multiperspektivische Sichtweisen auf die Verfasserin dargeboten. Nach der arbeitsteiligen Untersuchung der Texte in Gruppen sollen die Schüler/innen ein Porträt verfassen.

Die restlichen Kopiervorlagen in diesem Abschnitt rücken die weiteren im Hinterhaus untergetauchten Personen sowie ihre Helferinnen und Helfer in den Mittelpunkt. Die Aufgaben auf den Seiten 13–15 können auch arbeitsteilig in Gruppen gelöst werden. Die Untergetauchten sind ausgehend von ausgewählten Briefen zu charakterisieren (*Die Bewohner des Hinterhauses – Personen charakterisieren*, S. 13 f.). Mit den Helferinnen und Helfern beschäftigen sich die Schüler/innen näher, indem sie auf der Grundlage von vorgegebenen Briefen und ergänzenden biografischen Angaben eine Danksagung verfassen (*Die Helferinnen und Helfer – Eine Danksagung formulieren*, S. 15). Damit dient dieses Arbeitsblatt nicht zuletzt der Reflexion der erbrachten Leistung gegenüber den Versteckten aus damaliger und heutiger Sicht.

Die Beschäftigung mit den Personen aus Anne Franks Tagebuch ist zugleich eine Auseinandersetzung mit den Problemen der heranwachsenden Anne. So werden in den Aufgaben auf den Seiten 16–18 unter anderem ihre inneren Konflikte thematisiert. Ihre Position innerhalb ihrer Familie wird mit dem Blatt *Die Familie Frank – Eine Theaterszene entwickeln und spielen* (S. 16) näher betrachtet und auf produktive Art veranschaulicht.

Mit der problematischen Beziehung zwischen Anne und ihrer Mutter und Annes Idealvorstellungen von einer Mutter setzen sich die Schüler/innen anhand des Blatts *Anspruch und Realität – Annes Sicht auf ihre Mutter untersuchen* (S. 17) auseinander.

Annes Haltung gegenüber Peter steht im Mittelpunkt der Kopiervorlagen *Anne und Peter – Standbilder bauen und auswerten* (S. 18 f.). Die Beziehung der beiden soll in Standbildern veranschaulicht und schließlich in einer Grafik dargestellt werden.

Das Geschehen und der Ort des Geschehens

Einen genaueren Einblick in den Ort der Handlung des Tagebuchs verschaffen die Kopiervorlagen *Das Hinterhaus – Das Versteck beschreiben* (S. 20 f.). Die Schüler/innen sollen sich das Versteck anhand von Annes Beschreibungen und einer Abbildung vergegenwärtigen und anschließend einen Text formulieren, der die Grundlage für eine Führung durch das Hinterhaus in Amsterdam ist. Dabei sollten auch die Ergebnisse des Arbeitsblattes zu den Bewohnern des Hinterhauses (S. 13 f.) genutzt werden.

Die Kopiervorlage *Leitfaden vom Hinterhaus – Den Alltag kennen lernen* (S. 22) macht den Schüler/innen den stark geregelten Tagesablauf im Versteck bewusst.

Wie Anne mit den Kriegserlebnissen umgeht, vermittelt das Arbeitsblatt *Eindrücke vom Krieg – Annes Äußerungen verstehen* (S. 23). Die Aufgaben fördern die Reflexion über die Sinnhaftigkeit und die Auswirkungen des Krieges.

Den Weg in die Konzentrationslager, den Anne und die anderen Untergetauchten nach ihrer Entdeckung antreten mussten, vollziehen die Schüler/innen mit den Kopiervorlagen *Der Verrat – Das Schicksal der Untergetauchten verfolgen* (S. 24 f.) nach. Hier sollen sie ausgehend von kurzen Informationstexten die Wege der einzelnen Personen in einer Karte eintragen, um auf diese Weise nicht zuletzt auch einen Eindruck von den Ausmaßen des Holocausts zu gewinnen.

Anne Frank in ihrer Zeit

Die folgenden Arbeitsblätter setzen sich mit der jüdischen Kultur, Annes Selbstverständnis und der Judenverfolgung auseinander. Diese Kopiervorlagen können in binnendifferenzierter Gruppenarbeit erarbeitet und die gesammelten Erkenntnisse in Form einer Expertenbefragung den Mitschüler/innen vermittelt werden.

Das Arbeitsblatt *Zwei Mädchen jüdischer Herkunft – Lebensweisen vergleichen* (S. 26) macht die Schüler/innen exemplarisch mit Ritualen und Symbolen der jüdischen Religion vertraut und verdeutlicht mittels der Methode des Vergleichs die Intensität, mit der sich Anne ihrer jüdischen Herkunft verbunden fühlte.

Die Kopiervorlagen *Auschwitz – Einen Sachtext und Annes Briefe in Beziehung setzen* (S. 27 f.) dienen der selbstständigen Erarbeitung der historischen Vorgänge während der „Endlösung" im KZ. Dabei sollen die Schüler/innen die historischen Fakten mit Annes Beschreibungen der Judenverfolgung in Beziehung zueinander setzen.

Das Arbeitsblatt *Ideale auf dem Prüfstand – Eine Diskussion durchführen* (S. 29) macht zunächst ausgehend von drei Textauszügen bewusst, dass Anne trotz der Trostlosigkeit ihrer Situation die Hoffnung auf Rettung nicht aufgibt. Die Schüler/innen arbeiten Annes Ideale heraus und werden abschließend dazu aufgefordert, über die Problematik zu diskutieren, in schwierigen Situationen an seinen Idealen festzuhalten.

Produktion und Rezeption

Die Kopiervorlagen *Schreiben – Die Funktion des Tagebuchs erarbeiten* (S. 30 f.) verdeutlichen Annes Schreibmotivation. Im Anschluss an die Untersuchung von Annes Gründen, ein Tagebuch zu führen, sollen die Schüler/innen über die Bedeutung dieses Tagebuchs für heutige Leser diskutieren.

In welchen Phasen sich Annes Schreibprozess vollzog, kann anhand der Materialien auf den Seiten *Zur Entstehung des Tagebuchs – Informationen visualisieren* (S. 32 f.) erschlossen werden. Die Informationen über die verschiedenen Versionen des Tagebuchs sollen dann in einem Flussdiagramm veranschaulicht werden.

Die Kopiervorlagen *Original oder Überarbeitung? – Zwei Fassungen vergleichen* (S. 34 f.) knüpfen an die Ergebnisse der Aufgaben auf den Seiten 32 f. an und dienen der inhaltlichen und stilistischen Analyse von Tagebucheinträgen aus den Versionen a und b.

Zur kritischen Auseinandersetzung über die Möglichkeiten und Grenzen der Vermarktung von Anne Frank und ihrem Tagebuch ruft das Arbeitsblatt *Die „Anne-Frank-Industrie" – Stellung nehmen* (S. 36) auf. Es fördert die Sensibilität gegenüber der Thematik, die die Schüler hier in einer Stellungnahme reflektieren.

Das Arbeitsblatt *Anne Frank und ihr Tagebuch – Einen informierenden Text schreiben* (S. 37) dient als Abschluss der Lektürereihe. So sollen die Schüler/innen hier in einem informierenden Text ihr Wissen über Anne Frank und ihr Tagebuch zusammenfassen.

Vorschläge für Klassenarbeiten

Die Vorschläge für Klassenarbeiten greifen auf in den Kopiervorlagen trainierte Kompetenzen zurück:

Vorschlag 1 ist produktiv-gestaltend angelegt und fordert das Umschreiben eines Textauszugs in einen Bericht.

Vorschlag 2 verlangt die Analyse eines Tagebucheintrags.

Didaktischer Kommentar und Lösungen

Lösungen

Das Tagebuch der Anne Frank – Erste Eindrücke sammeln ▶ S. 5

1 *Mögliche Leseeindrücke:*
Das Tagebuch ist anschaulich, gut erzählt, interessant. Ich könnte mir nicht vorstellen, damals gelebt zu haben. Ich frage mich, wie man auf so engem Raum so lange zusammenleben und wie man so viel darüber schreiben kann, wenn man zwei Jahre von der Außenwelt abgeschnitten ist.

Das Tagebuch ist lesenswert wegen des darin enthaltenen Optimismus, der Ideale, der Gedanken über den Sinn des Lebens, der Spannung, der Darstellung von Gedanken und Gefühlen eines Teenagers.

2 Monique: Annes Stärke; Christian: Überzeugungskraft des Tagebuchs; Geena: Tagebuch als Zeitzeugnis; Otto Frank: Roman als Erinnerung an seine Tochter

3 *Mögliche Lösung:*
Das Tagebuch zeigt, wie ein junger Mensch offiziell geduldete und praktizierte Diskriminierung erträgt, ohne sich davon dauerhaft entmutigen zu lassen, und dagegen eigene Gedanken, Gefühle, Vorstellungen und Pläne setzt. Es veranschaulicht sehr eindrucksvoll die Atmosphäre, die damals unter der Judenverfolgung und dem Kriegsalltag geherrscht haben muss, und steht damit symbolisch als Mahnmal, eine solche Politik nicht wieder zuzulassen.

Anne Frank stellt sich vor – Einen Lebenslauf erarbeiten ▶ S. 6 f.

1 *Jahreszahlen und dazugehörige Ereignisse:*
1926 Geburt von Annes Schwester Margot
12. Juni 1929 Geburt von Anne Frank in Frankfurt/M., wo die Kinder zunächst auch aufwachsen
1933 Vater wurde Direktor bei Opekta (Gesellschaft zur Marmeladenherstellung) in den Niederlanden; Annes und Margots Umzug nach Aachen zur Großmutter, Margots Umzug nach Holland
Februar 1934 Annes Nachzug nach Amsterdam, anschließend Besuch des Kindergartens der Montessorischule
1935 Einschulung
1938 Onkel fliehen nach Pogrom nach Amerika, Großmutter kommt nach Amsterdam
Sommer 1940 Annes Geburtstag wird wegen des Krieges nicht gefeiert
1941 Aufnahme am Jüdischen Lyzeum; im Sommer schwere Erkrankung der Großmutter
Januar 1942 Tod der Großmutter
20. Juni 1942 Beginn des Tagebuchs

Angaben zur historischen Situation:
„Da wir Juden sind" (Z. 11), Wegzug der Familie (Z. 11 ff.), „übrige Familie in Deutschland nicht von Hitlers Judengesetzen verschont" (Z. 29 f.), „Pogrome 1938" (Z. 30 f.), „Judengesetz folgte auf Judengesetz" (Z. 37), „Krieg in den Niederlanden" (Z. 63)

2 Die Lösung zur Ergänzung der Zeitleiste entspricht den Angaben zu Jahreszahlen und dazugehörigen Ereignissen in Aufgabe 1.

Zuordnung der Familienfotos:
☐ Bild oben: Montessori-Kindergarten
☐ Bild Mitte: Zeit in Frankfurt
☐ Bild unten: nach Umzug in die Niederlande

3 Anne befindet sich als jüdisches Mädchen auf der Flucht vor den Nationalsozialisten, unterliegt jedoch auch in den Niederlanden deren judenfeindlicher Politik.

Didaktischer Kommentar und Lösungen

Die Nationalsozialisten an der Macht – Einen Zeitstrahl anlegen ▶ S. 8 f.

1 Mögliche Unterstreichungen von Daten können dem folgenden Zeitstrahl entnommen werden.

Mögliche Daten und Ereignisse, die im Zeitstrahl enthalten sein können:
1933 Beginn des Nationalsozialismus, Ausgrenzung der Juden (Z. 15 f.)
1. 4. 33 Boykott gegen jüdische Geschäfte (Z. 17 f.)
7. 4. 33 „Arierparagraf" (Z. 19)
15. 9. 35 Verbot von Mischehen mit den Nürnberger Rassegesetzen (Z. 25 f.)
15. 11. 38 Verbot für Juden, öffentliche Schulen zu besuchen (Z. 28 ff.)
12. 11. 38 Verbot für Juden, öffentliche Einrichtungen wie Kino, Theater usw. zu besuchen (Z. 30 ff.)
17. 8. 38 Zwang für Juden, die jüdischen Namen Sara und Israel anzunehmen (Z. 40 ff.)
5. 10. 38 Reisepass von Juden mit „J" ausgestellt (Z. 43 ff.)
9. 11. 38 Reichskristallnacht (Z. 46 ff.)
1. 9. 39 Beginn des Zweiten Weltkriegs, Ausgangssperre für Juden (Z. 57 ff.)
20. 9. 39 Einzug der Radiogeräte von Juden (Z. 65)
23. 1. 40 Einzug der Kleidermarken von Juden (Z. 66)
15. 5. 40 Kapitulation der Niederlande (Z. 70)
Juli 40 Einkaufszeiten für Juden beschränkt (Z. 66 ff.)
29. 7. 40 Telefonanschlüsse von Juden gekündigt (Z. 68 f.)
29. 6. 42 Beginn der Deportation der niederländischen Juden in deutsche Arbeitslager (Z. 74 ff.)
Winter 42/43 Niederlagen der Deutschen (Z. 77 f.)
5. 5. 45 Befreiung der Niederlande (Z. 80 f.)
8. 5. 45 bedingungslose Kapitulation in Berlin-Karlshorst (Z. 81 ff.)

2 Anne Frank hielt sich von 1942 bis 1944 im Hinterhaus versteckt, weil im Jahr 1942 auch in den Niederlanden die Deportationen der Juden in Arbeitslager begann und sie und ihre Familie versuchten, sich davor in Sicherheit zu bringen.

Anne Frank – Ihre Selbstaussagen auswerten ▶ S. 10

1 *Mögliche Lösung:*
- Was findest du gut an ihrer Art der Selbstbeschreibung? Mut zum Rückblick, die Fähigkeit, Veränderungen wahrzunehmen
- Was fasziniert dich daran? ihre Offenheit, über das Wahrgenommene zu sprechen
- Was stört dich, was hältst du für kritisch? ihre Selbstreflexion, ihre zum Teil strenge Selbstkritik

2 **12. 6. 42:** sucht jemandem, dem sie sich anvertrauen kann
20. 6. 42: hat viele Verehrer
2. 1. 44: Rückblick auf die schreibende Anne fällt kritisch aus, hätte sich in sich selbst versteckt, Ereignisse nur aus ihrer Perspektive betrachtet, von Stimmungen beherrscht, anstatt die Wirkung ihres Auftretens zu reflektieren
7. 3. 44: im Rückblick auf die Zeit von 1942 wertet sie damaliges Verhalten als oberflächlich, scheinbar unbekümmert und fröhlich, meisterte schwierige Situationen mit Frechheit; nun fordert sie Anerkennung auf Grund ihres Charakters und ihres Auftretens, spürt in sich die Frau mit Mut und Vertrauen in das Schöne des Lebens
17. 3. 44: beharrt auf ihrer eigenen Meinung, ihren Auffassungen und Prinzipien
25. 3. 44: spürt, dass sich eine Entwicklung vollzogen hat; weiß, wo ihr Platz im Leben ist, möchte ehrlich sein, liebt die Menschen
5. 4. 44: spürt Talent zum Schreiben in sich, will anders sein als ihre Vorbilder, will nicht umsonst gelebt haben
6. 4. 44: ihre Hobbys sind Schreiben, Stammbäume, Geschichte, Filmstars, Fotos
11. 4. 44: weiß, was sie will, mit eigenem Ziel, eigener Meinung, eigenem Glauben und Liebe, spürt sich als selbstständige Frau mit innerer Stärke und Mut
6. 7. 44: will so handeln, wie sie es verantworten kann
15. 7. 44: selbstkritisch, schaut optimistisch in die Zukunft

3 Anne steht als junges Schulmädchen häufig im Mittelpunkt und findet viel Aufmerksamkeit bei Erwachsenen. Während sie sich zu dieser Zeit als kindlich unbekümmert beschreibt, wird sie zunehmend selbstkritischer und entwickelt sich zu einem selbstbewussten Menschen mit eigenen Vorstellungen und Idealen. Anne scheint einen starken Charakter zu haben und richtet ihr Denken und Handeln am Gradmesser des eigenen Gewissens aus. Sie entwickelt ihre eigene Persönlichkeit in Auseinandersetzung mit den zum Teil widersprüchlichen Reaktionen der Versteckten ihr gegenüber und formuliert für sich selbst den Sinn des Lebens: Sie will nicht umsonst gelebt haben.

Äußerungen über Anne Frank – Ein Porträt verfassen ▶ S. 11 f.

1 ☐ *Annes Vater:* Er sieht Annes Probleme als heranwachsender Teenager, sie ist die Jüngste in der Familie und muss sich oft belehren lassen. Anne sieht kritisch die Fehler der anderen, aber sollte etwas nachsichtiger sein bei der Lösung von Konflikten. Das letzte Lebensjahr hat sie fleißig verbracht und darüber jede Langeweile verscheucht; sie ist aus ihrer Kleidung herausgewachsen.
☐ *Melissa Müller:* Anne ist nicht leicht zufrieden zu stellen, sie ist lebhaft, ringt um Aufmerksamkeit, ist wissensdurstig, charmant, neugierig, humorvoll, gern in Gesellschaft, dickköpfig, bestimmend, aber dennoch beliebt.
☐ *Hannah Pick-Goslar:* Anne liebt Poesiealben, sie ist bei Jungen sehr beliebt, was sie genießt. Sie ist als junges Mädchen stolz auf ihre Haare. Anne ist oft kränklich. Sie sammelt Fotos von Filmstars und Kindern der Königshäuser. Anne ist hübsch, beliebt und gilt als besserwisserisch.
☐ *Miep Gies:* Anne bewundert ihre Schwester. Sie unterhält andere mit ihrem schauspielerischen Talent. Sie ist stets hübsch angezogen und sehr gepflegt. Sie geht gern ins Kino und hört gern die Geschichten von ihrem Vater.

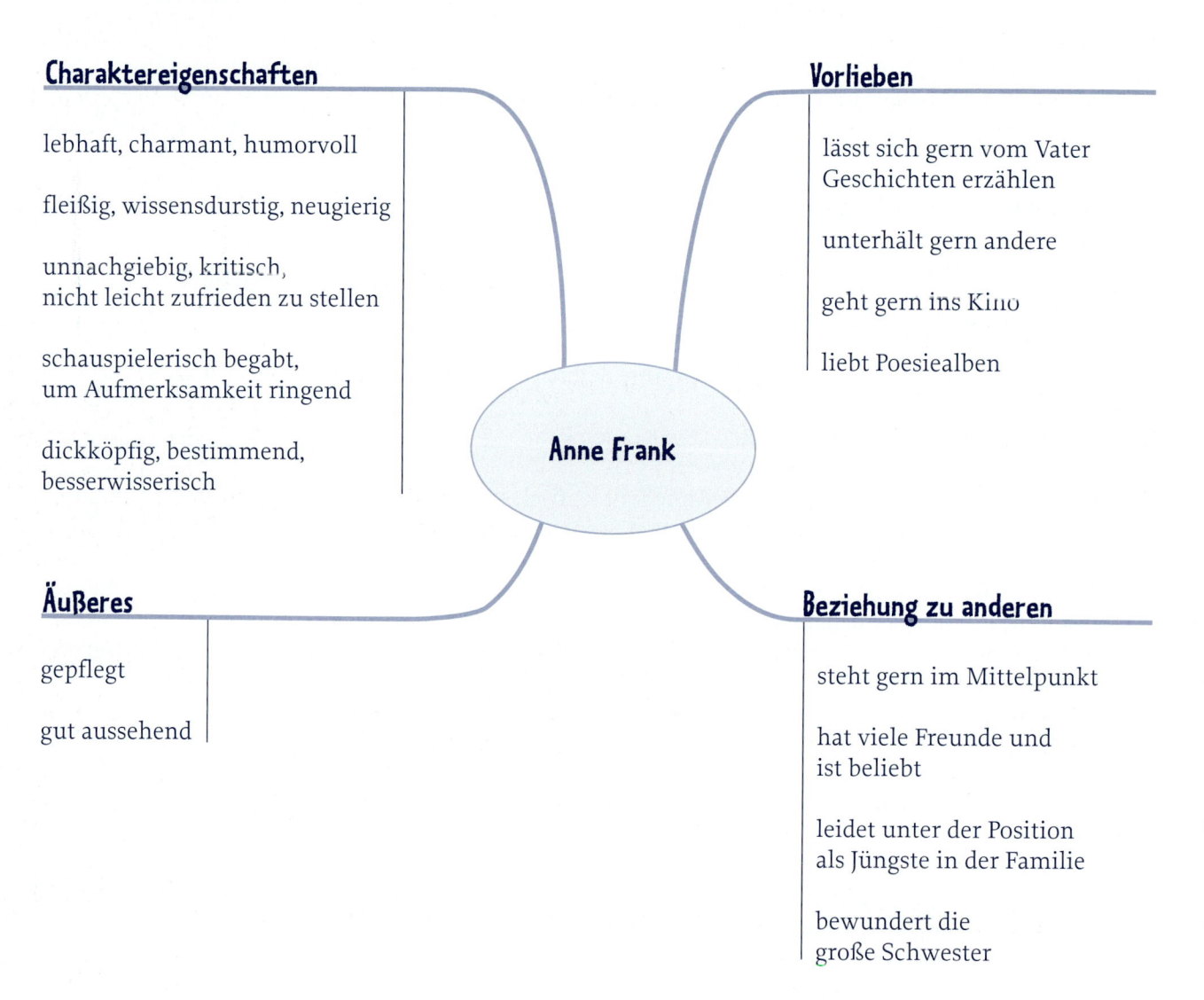

Charaktereigenschaften
- lebhaft, charmant, humorvoll
- fleißig, wissensdurstig, neugierig
- unnachgiebig, kritisch, nicht leicht zufrieden zu stellen
- schauspielerisch begabt, um Aufmerksamkeit ringend
- dickköpfig, bestimmend, besserwisserisch

Vorlieben
- lässt sich gern vom Vater Geschichten erzählen
- unterhält gern andere
- geht gern ins Kino
- liebt Poesiealben

Anne Frank

Äußeres
- gepflegt
- gut aussehend

Beziehung zu anderen
- steht gern im Mittelpunkt
- hat viele Freunde und ist beliebt
- leidet unter der Position als Jüngste in der Familie
- bewundert die große Schwester

Didaktischer Kommentar und Lösungen

2 *Mögliche Lösung:*
Anne Frank lebte von 1929 bis 1945. Sie floh als jüdisches Mädchen mit ihren Eltern vor der Politik der Nationalsozialisten nach Amsterdam. Schon als kleines Kind stand sie gern im Mittelpunkt, besonders unter den Gleichaltrigen im Kindergarten fand sie viele Freunde. Ihre Freundin Hanneli erinnert sich an eine besondere Eigenschaft Annes: Sie konnte ihre Schultern ausrenken. Mit dieser „Vorführung" erregte Anne sehr viel Aufmerksamkeit. Anne galt als eigensinnig. Einmal gefasste Meinungen, persönliche Auffassungen und Prinzipien vertrat sie hartnäckig. Bekam sie nicht gleich, was sie wollte, konnte sie ein sturer Dickkopf sein. Sie wollte alles besser wissen. Hanneli berichtet, ihre Mutter habe gesagt: „Gott weiß alles, Anne weiß alles besser." Otto Frank bescheinigt seiner Tochter zu ihrem 14. Geburtstag einen enormen Wissensdrang und gleichzeitig großen Fleiß zu lernen. Allerdings fühle sich der heranwachsende Teenager auch häufig belehrt. Ihren Vater vergötterte Anne Frank sehr, sie liebte es, wenn er ihnen Geschichten erzählte. Ein weiteres Merkmal ihrer Eigensinnigkeit ist ihr wachsendes Selbstbewusstsein. Zu einem jungen Fräulein herangewachsen notiert sie als Sinn des Lebens in ihrem Tagebuch, sie wolle nicht umsonst gelebt haben. Als Gradmesser des eigenen Denkens und Handelns benennt sie das eigene Gewissen.

Die Bewohner des Hinterhauses – Personen charakterisieren ▶ S. 13 f.

1 ☐ *Otto Frank:* zum Zeitpunkt des Untertauchens 53 Jahre alt, leitete nach Erfahrungen im väterlichen Bankgeschäft ab 1933 ein Geliermittelgeschäft in Amsterdam; Charaktereigenschaften: gilt als bescheiden (28. 9. 42), mit guter Menschenkenntnis (24. 12. 43), gütige, sanfte Wesensart, zurückhaltend, z. B. bei Annes Kritik ihrer Mutter gegenüber, und kultiviert, stellt seine persönlichen Bedürfnisse hinter die der Kinder zurück (9. 8. 43), vermittelt im Streit zwischen den Untergetauchten, exemplarisch bei Annes Kampf um das beste Tischchen, stärkt Anne den Rücken, setzt ihr aber auch klare Grenzen (13. 7. 43)

☐ *Edith Frank:* zum Zeitpunkt des Untertauchens Anfang 40, war nach ihrer Heirat mit Otto Frank vor allem Mutter, Ehefrau und Hausfrau, erzieht ihre beiden Töchter im Sinne der jüdischen Tradition, dennoch nach liberalen Erziehungsgrundsätzen, findet nicht wirklich Zugang zu Anne, Anne fühlt sich von ihr verlacht, wenn sie weinen muss (6. 1. 44), Edith nimmt alles viel zu ernst, was Anne sagt (24. 12. 43), scheint eifersüchtig auf Anne, wenn diese sich mit Frau van Daan unterhält (2. 3. 44)

☐ *Margot Frank:* zum Zeitpunkt des Untertauchens 16 Jahre alt, Erstgeborene, Margot gilt bei den Untergetauchten als gut, lieb und klug (27. 9. 42), beide Geschwister finden ihre Eltern langweilig (2. 3. 44), Anne entdeckt in Margot die Schwester mit ähnlichen Charaktereigenschaften, die Mutter charakterisiert Margot im Vergleich zu Peter im Streit darum, ob Jugendliche Erwachsenenbücher lesen dürfen: „Erstens ist Margot ein Mädchen, und Mädchen sind immer reifer als Jungen, zweitens hat Margot schon mehr ernste Bücher gelesen und sucht nicht nach Dingen, die für sie nicht mehr verboten sind, und drittens ist sie viel weiter entwickelt und verständiger, was auch ihre vier Jahre Oberschule mit sich bringen." (2. 9. 42)

☐ *Fritz Pfeffer (Herr Dussel):* zum Zeitpunkt des Untertauchens Anfang 50, Zahnarzt mit eigener Praxis in Berlin und Amsterdam, Anne nimmt ihn als netten Menschen wahr, er teilt mit ihr bereitwillig ein Zimmer, vergesslich, zerstreut (19.11.42), hortet Obst und Lebensmittel, gilt als kleinlich (1. 5. 43), verteidigt sein Revier gegen Annes Ansprüche (Zeit zum Arbeiten am Zimmertisch) (13. 7. 43)

☐ *Hermann van Pels (Herr van Daan):* zum Zeitpunkt des Untertauchens Anfang 50, seit 1938 als Gewürzfachmann Mitarbeiter von Otto Frank, kommt aus dem Wurst-, Fleisch- und Gewürzhandel, mit enormen Kenntnissen über Gewürze, wirkt gesetzt, mit rotem Kopf, sah aus wie ein richtiger Metzger beim Wurstmachen (10.12.42), sein Sohn findet, dass Vater zu viel raucht (2. 3. 44), er hat eine unumstößliche Meinung, zu der er keinen Widerspruch duldet (9. 8. 43), humorvoll (28. 9. 42)

☐ *Auguste van Pels (Frau van Daan):* zum Zeitpunkt des Untertauchens Anfang 50, Hausfrau, streitet gern (2. 9. 42), schreit dabei viel (28. 9. 42), kritisiert Annes Verhalten (27. 9. 42), redet viel, redet sich gern in den Mittelpunkt, bemuttert gern, von Anne als „gnädige Frau" bezeichnet (9. 8. 43)

☐ *Peter van Pels (van Daan):* 16 Jahre alt, schüchtern (2. 3. 44), zurückhaltend und still (9. 8. 43), löst gern Kreuzworträtsel, wirkt verlegen, als Anne ihn auf seinem Zimmer besucht (6. 1. 44), friedliebend, verträglich, sehr nachgiebig, wendet sich von der Religion ab, redet viel übers Essen (13. 6. 44)

2 Die Charakterisierung sollte benennbare Charaktereigenschaften enthalten, die an bestimmten Situationen des Lebens im Versteck veranschaulicht werden. Zu achten ist auf die Verwendung des Konjunktivs und der indirekten Rede, wenn Eigenschaften aus Annes Perspektive wiedergegeben werden. Gelegentlich sollten Zitate die getroffenen Aussagen untermauern. Idealerweise erkennen die Schüler/innen, dass das Bild der zu charakterisierenden Person von Annes Sichtweise geprägt und eventuell entsprechend zu relativieren ist.

Die Helferinnen und Helfer – Eine Danksagung formulieren ▶ S. 15

1
- *Miep Gies:* 1909 in Wien geboren, nach dem Ersten Weltkrieg zu Pflegeeltern in die Niederlande, Büroangestellte in Otto Franks Firma, 1941 heiratete sie Jan Gies, Organisationstalent, Versorgung der Untergetauchten mit Lebensmitteln, überreichte Annes Tagebücher, 1987 „Meine Zeit mit Anne Frank", verstarb im Januar 2010
- *Elisabeth van Wijk, genannt Bep:* 1919 geboren, 1937 als Bürogehilfin angestellt, erledigte für die Untergetauchten vor allem Einkäufe, heiratete, starb 1983
- *Victor Kugler:* 1900 geboren, 1940 Position des Direktors, für die Sicherheit der Untergetauchten und für die Leitung des Geschäfts verantwortlich, 4. 8. 44 festgenommen, in verschiedene Arbeitslager gebracht, März 1945 geflohen, 1955 nach Toronto, Elektriker und Buchhalter, starb 1981
- *Johannes Kleiman*, 1896 geboren, arbeitete mit ihm zusammen, Magenblutungen, nach Verhaftung schnell aus Lager Amersfoort entlassen, übernahm Firma 1952, 1957 verstarb er

2
- *Miep Gies:* kümmert sich um Dussels Einzug ins Hinterhaus (12.11.42), bereitet Nikolaus/Chanukka vor (7.12.42), schleppt sich mit Lebensmitteln für Untergetauchte ab (11. 7. 43), klärt im Gespräch mit Otto Frank, dass sie sich nicht vom allgemeinen Antisemitismus beeindrucken lässt, kümmert sich noch intensiver um die Untergetauchten (26. 5. 44)
- *Bep:* bereitet Nikolaus/Chanukka vor (7.12.42), gibt Anne und Margot Büroarbeiten (11. 7. 43), bringt Hefte zum Lesen, Ausgangssperre wegen Diphtherie (17.11.43), verlobt sich, Anne erörtert dies kritisch (25. 5. 44)
- *Victor Kugler:* schlägt vor, Schrank vor Eingangstür zu bauen (21. 8. 42), Kugler trägt schwer an der Verantwortung für die Firma und für die Untergetauchten (26. 5. 44), zu sechs Tagen Arbeitsdienst angefordert, erhält vom Arzt Attest (15. 3. 44)
- *Johannes Kleiman:* bringt Bücher (21. 9. 42), muss Radio abliefern, bringt den Untergetauchten Ersatz (15. 6. 43), untersucht den Einbruch (16. 7. 43), Kleiman erhält von den Untergetauchten Reis (25. 3. 44), Anne singt Loblied auf den Einsatz der Helfer (28. 1. 44)

3 Folgende Aspekte können in die Danksagung einfließen: Die Tagebucheinträge zeigen, dass die Helfer zum einen für die Firma Opekta verantwortlich sind und sich zum anderen um die Versorgung der Versteckten kümmern. Sie besorgen sowohl Lebensmittel als auch Bücher und sind um das seelische Wohlergehen der Untergetauchten äußerst bemüht: Mieps Mann und Kleiman unterhalten sich häufig mit den Versteckten, sie ermöglichen via Radio die Verbindung zur Außenwelt, zu Miep und Bep baut Anne eine intensive Beziehung auf. Anne weiß, dass alle Helfer unter Lebensgefahr für die Untergetauchten sorgen und ihnen bei Entdeckung Verfolgung, Verhaftung und Tod drohen. Anne bewundert ihre Zivilcourage. Diese speist sich bei Miep Gies aus dem eigenen Erleben, bei Kugler und Kleiman aus der Achtung vor Otto Frank, seinen fachlichen Kompetenzen und seiner Menschlichkeit.

Die Familie Frank – Eine Theaterszene entwickeln und spielen ▶ S. 16

1 Wörtliche Rede ist durch Kursivdruck hervorgehoben. Gedanken, die herausgearbeitet werden sollen, sind durch Fettdruck markiert. Formulierungen, die für mögliche Regieanweisungen hilfreich sind, sind unterstrichen.

Liebe Kitty!   Samstag, 30. Oktober 1943

<u>Mutter ist schrecklich nervös</u>, und das ist für mich immer sehr gefährlich. Sollte es Zufall sein, dass Vater und Mutter Margot nie ausschimpfen und ich immer alles abbekomme? Gestern Abend zum Beispiel: <u>Margot las</u> ein Buch, in dem prächtige Zeichnungen waren. Sie stand auf und legte das Buch zur Seite, um es später weiterzulesen. Ich hatte gerade nichts zu tun, nahm das Buch und betrachtete die

Bilder. Margot kam zurück, sah „ihr" Buch in meiner Hand, bekam eine Falte in die Stirn und verlangte es böse zurück. Ich wollte es nur noch kurz weiterbetrachten. Margot wurde immer böser. *Mutter* mischte sich mit den Worten ein: „*Das Buch liest Margot, gib es ihr also.*"
Vater kam ins Zimmer, wusste nicht mal, um was es ging, sah, dass Margot etwas angetan wurde, und fuhr mich an: „*Ich würde dich mal sehen wollen, wenn Margot in deinem Buch herumblättern würde!*"
Ich gab sofort nach, legte das Buch hin und ging, ihrer Meinung nach beleidigt, aus dem Zimmer. Doch ich war weder beleidigt noch böse, wohl aber traurig.
Es war nicht richtig von Vater, dass er geurteilt hat, ohne die Streitfrage zu kennen. **Ich hätte das Buch Margot von selbst zurückgegeben, und dazu noch viel schneller, wenn Vater und Mutter sich nicht eingemischt und Margot in Schutz genommen hätten, als würde ihr das größte Unrecht geschehen.**
Dass Mutter sich für Margot einsetzt, versteht sich von selbst, die beiden setzen sich immer füreinander ein. Ich bin daran so gewöhnt, dass ich völlig gleichgültig gegen Mutters Standpauken und Margots gereizte Launen geworden bin. Ich liebe sie nur deshalb, weil sie nun einmal Mutter und Margot sind, als Menschen können sie mir gestohlen bleiben. Bei Vater ist das was anderes. Wenn er Margot vorzieht, alle **ihre Taten gutheißt, sie lobt und mit ihr zärtlich ist, dann nagt etwas in mir. Denn Vater ist mein Alles, er ist mein großes Vorbild, und ich liebe niemanden auf der Welt außer Vater. Er ist sich nicht bewusst, dass er mit Margot anders umgeht als mit mir. Margot ist nun mal die Klügste, die Liebste, die Schönste und die Beste. Aber ein bisschen Recht habe ich doch auch darauf, ernst genommen zu werden. Ich war immer der Clown und der Taugenichts der Familie, musste immer für alle Taten doppelt büßen, einmal durch die Standpauken und einmal durch meine eigene Verzweiflung.** Die oberflächlichen Zärtlichkeiten befriedigen mich nicht mehr, ebenso wenig die so genannten ernsthaften Gespräche. Ich verlange etwas von Vater, was er mir nicht geben kann. Ich bin nicht neidisch auf Margot, war es nie. Ich begehre weder ihre Klugheit noch ihre Schönheit. Ich würde nur so gerne Vaters echte Liebe fühlen, nicht nur als sein Kind, sondern als Anne-als-sie-selbst.

Anne Frank: Tagebuch. Fassung von Otto H Frank und Miram Pressler. Aus dem Niederländischen von Mirjam Pressler. 16. Aufl. Frankfurt/M.: Fischer Taschenbuch Verlag 2010, S. 141 f. © S. Fischer Verlag, Frankfurt/M. 1988

2 *Hinweise zur Szene:*
Die Handlung: Margot liest ein Buch, steht auf und legt es zur Seite, Anne ist neugierig und liest auch darin, Margot kommt zurück und verlangt es wütend zurück. Anne liest weiter darin, Margot wird immer wütender, die Mutter spricht Anne an, der Vater kommt herein, nimmt die Szene wahr und wendet sich an Anne.

Beginn einer möglichen Lösung:
Margot liest ein Buch, steht auf und legt es zur Seite, Anne ist neugierig und liest auch darin, Margot kommt zurück.
MARGOT wütend: „Das ist mein Buch." Fordert es demonstrativ zurück.
MUTTER gereizt: „Das Buch liest Margot, gib es ihr also."
ANNE liest weiter darin.
VATER kommt hinzu: „Ich würde dich mal sehen wollen, wenn Margot in deinem Buch herumblättern würde!"

Weiterführung der Szene:
Annes innerer Konflikt differenziert sich aus: Sie will ernst genommen werden und reflektiert kritisch, dass sie von ihrem Vater, der ihr großes Vorbild ist, etwas Unmögliches verlangt. Im weiteren Dialog könnte Anne das Streitgespräch freundlich fortsetzen, wobei sie bestimmt ihre Meinung sagt, das Verhalten ihres Vaters kritisch reflektiert, ihr Bild von Margot wiedergibt und von der Mutter verlangt, dass sie sich nicht ständig einmischt. Gleichzeitig sollte verdeutlicht werden, wie sie sich eigentlich zu Margots Bitte verhalten könnte.

Beginn einer möglichen Weiterführung der Szene:
ANNE klappt das Buch wütend zu, reicht es Margot mit Schwung. An Vater gewandt: „Was mischst du dich jetzt überhaupt ein. Kommst rein, weißt nicht, worum es geht, aber schimpfst los, weil es um Margot geht, die Schönste, Beste, Klügste, Liebste. Ihr bloß kein Härchen krümmen. Es ist schon genug, dass Mutter sich eingemischt hat. Als ob Margot und ich das nicht allein klären könnten." An Mutter

Didaktischer Kommentar und Lösungen

gewandt: „Und überhaupt: Ich hätte Margot das Buch schon von selber zurückgegeben. Aber Hauptsache, ihr könnt eure Standpauke halten."

3 Bei dem Spiel sollte deutlich werden, dass sich Anne gegenüber Margot benachteiligt fühlt.

Anspruch und Realität – Annes Sicht auf ihre Mutter untersuchen ▶ S. 17

1 *Mögliche Markierungen:*
„Mutter mit all ihren Mängeln" (Z. 1 f.), „Schlampigkeit" (Z. 4), „Sarkasmus" (Z. 4), „Härte" (Z. 5), „vermisse ich jeden Tag und jede Stunde die Mutter, die mich versteht" (Z. 2 f.), „Ich nenne sie oft Mansa" (Z. 12), „die unvollkommene Mams" (Z. 13 f.), „dass sie uns mehr als Freundinnen denn als Töchter betrachtet" (Z. 11 f.), „meistens ist sie auch ein Beispiel für mich, aber eben umgekehrt" (Z. 16 f.), „Mansa, die mich laut auslacht" (Z. 24 f.)

Anne kritisiert,
Mängel wie Schlampigkeit, Sarkasmus und Härte,
dass ihre Mutter sie nicht versteht,
dass ihre Mutter sich als Freundin ihrer Töchter versteht und nicht als Mutter,
dass sie folglich nicht als positives Beispiel dient,
dass sie Anne auslacht.

2 Anne will sich später als Mutter anders verhalten, als sie es mit ihrer Mutter erlebt. Sie wünscht sich eine Mutter, die sie versteht, nicht alles wortwörtlich nimmt, aber ihre Tochter ernst nimmt. Eine Mutter sollte für ihre Kinder ein Vorbild sein und viel Verständnis für ihre Kinder aufbringen.

Anne und Peter – Standbilder bauen und auswerten ▶ S. 18 f.

1 und **2**
- *Standbild zum 6. 1. 44:* Peter und Anne sitzen sich am Tisch gegenüber, Peter ist mit einem Kreuzworträtsel beschäftigt. Anne hilft ihm, die gesuchten Worte zu finden. Das Standbild sollte Peters Unsicherheit zum Ausdruck bringen und Annes Wunsch, sich ihm zu nähern, sowie ihre Zurückhaltung und ihr Verständnis für seine Verlegenheit.
- *Standbild zum 18. 2. 44:* Das Standbild könnte zeigen, wie Anne – vielleicht rückwärts – Peters Zimmer verlässt und Peter anschaut. Dieser ist ihr zugewandt. Anne genießt das Zusammensein mit Peter ebenso wie er.
- *Standbild zum 23. 2. 44:* Anne sitzt auf dem Fußboden, Peter steht dahinter gegen einen Balken gelehnt, beide schauen nach oben aus dem Dachbodenfenster heraus und genießen schweigend den Ausblick sowie das Zusammensein.
- *Standbild zum 12. 3. 44:* Peter ist abgewendet, Anne schaut ihm sehnsüchtig und traurig nach, bleibt aber stumm sitzen. Sie fühlt sich trotz seiner abgeneigten Haltung ihr gegenüber nach wie vor von ihm angezogen, versucht aber, gelassen zu bleiben. Peter scheint hin und wieder seine Ruhe zu brauchen.

3 Mit den Briefen vom 6. 1. 44, 18. 2. 44 und 23. 2. 44 steigt die Kurve auf den Höhepunkt, um dann wieder abzufallen.

4 Anne erfährt in der Pubertät als junge Frau auf der körperlichen Ebene verschiedene Veränderungen. Die Szenen der körperlichen Annäherung an Peter sind hier bewusst ausgelassen worden, können an dieser Stelle jedoch berücksichtigt werden. Anne versucht, Peter auf ihre Weise zu erobern, nämlich im Gespräch, wie die abgedruckten Tagebuchauszüge zeigen. Auf Dauer kann Peter jedoch Annes Ansprüchen an einen möglichen Lebenspartner nicht gerecht werden. So wendet sie sich schließlich wieder von ihm ab.

Das Hinterhaus – Das Versteck beschreiben ▶ S. 20 f.

1 *Räume des vorderen Teil des Hauses:*
- im Parterre großes Magazin (= Lager)
- in der ersten Etage das vordere Büro (Arbeitsplatz von Miep, Kleiman, Bep), das Durchgangszimmer (mit Tresor, Garderobe, Vorratsschrank), das Direktorenzimmer (Arbeitsplatz von Herrn Kugler, früher auch von Herrn van Daan), der dahinter liegende Flur zum Privatbüro, daneben die Küche und das WC,
- Vorplatz bzw. Diele in der zweiten Etage, von der man in weitere Lagerräume gelangt
- dritte Etage (Speicher)
- Dachboden
- Räume des Hinterhauses, zu erschließen über die so genannte Diele in der zweiten Etage
- zweite Etage, kleiner Flur mit Treppe, Raum (= Wohn- und Schlafzimmer der Familie Frank), kleines Zimmer (= Schlaf- und Arbeitszimmer der Schwestern), Kammer mit Waschbecken und WC
- dritte Etage bestehend aus einem großen Raum (= Küche und Schlafzimmer des Ehepaares van Daan, allgemeines Wohnzimmer, Esszimmer, Arbeitszimmer) und einem kleinen Durchgangszimmer (Peter)
- Dachboden

2 Der Text sollte einen Besucher des Hauses bei seinem Gang vom Parterre bis zum Dachboden des Vorder- und Hinterhauses begleiten und über die Funktion der einzelnen Räume informieren. Dabei sollte auch auf die Bewohner kurz eingegangen werden.

Leitfaden vom Hinterhaus – Den Alltag kennen lernen ▶ S. 22

1 *Folgende Probleme könnten genannt werden:*
sehr eingeschränktes Verhalten, da man von außen nicht bemerkt werden durfte, d. h. eingeschränkter Radiobetrieb, strenge Ruhezeiten, leises Sprechen, Verbot der deutschen Sprache, Verbot deutscher Bücher mit Ausnahme von wissenschaftlichen Büchern und klassischer Literatur als Protesthaltung gegen die Politik Nazideutschlands, notdürftig gewählte Unterkunft (undichte Wände, kein Bad)

Die Regeln sind mit einer gewissen Komik und mit Sinn für Humor formuliert und so wirkt der Text angesichts der bedrohlichen Lage der Untergetauchten geradezu grotesk.

2 Herr van Daan, der die Regeln formuliert hat, zeigt damit eine Art Galgenhumor. Dahinter steckt eine kaum zumutbare Einschränkung des Handlungsspielraums von acht Personen auf engem Raum und die Notwendigkeit, sich klaren Regeln zu unterwerfen, um zu überleben.

Eindrücke vom Krieg – Annes Äußerungen verstehen ▶ S. 23

1 **4.3.43:** Anne beschreibt den funktionierenden Schwarzhandel. Sie sind auf einen Gemüsehändler angewiesen, der für sie Kartoffeln besorgt, wofür sie hohe Preise zahlen müssen.
10.3.43: Die Schießereien und die Flugzeuge über der Stadt machen Anne Angst, sie sucht dann Trost bei ihrem Vater.
19.3.43: Tausendguldenscheine werden für ungültig erklärt, was für die Untergetauchten ein Problem darstellt, da man zum Wechseln dieser Scheine deren Herkunft angeben muss.
29.3.44: Anne zählt Typisches des Kriegsalltags auf: Die Leute stehen Schlange zum Einkaufen. Sie schreibt von Einbrüchen und Diebstählen in den Niederlanden, an denen sogar Kinder beteiligt sind. Selbst Fahrzeuge von Ärzten werden gestohlen, sodass diese nicht zu den Kranken gelangen. Die Menschen leiden Hunger und sind unterernährt. Sie werden schnell krank, da die Nahrung rationiert ist. Anne erwähnt Widerstand gegen die Obrigkeit, die solche Maßnahmen durchzusetzen versucht.

Didaktischer Kommentar und Lösungen

2 Annes Überlegungen vom 3.5.44: Nicht nur die „Großen" verdienen am Krieg mit ihrer Kriegsproduktion, der „kleine" Mann unterstützt diesen Krieg durch seinen Drang zum Morden und Wüten. Dennoch ist Anne nicht verzweifelt, sondern sieht optimistisch ihrer Zukunft entgegen, weil sie an sich selbst glaubt.

Der Verrat – Das Schicksal der Untergetauchten verfolgen ▶ S. 24 f.

1 Die Karte zeigt die wichtigsten Konzentrationslager der Nationalsozialisten, die sie nach Hitlers Machtübernahme 1933 sowohl in Deutschland als auch in den besetzten Gebieten (Polen, Tschechoslowakei, Österreich, Frankreich, Niederlande) errichteten. Diese Lager dienten der Massentötung. Die großen Judenvernichtungslager waren z. B. Chmelno, Treblinka, Sobibor, Maidanek und Auschwitz. Aus der Karte geht hervor, wie viele Juden in den einzelnen Ländern ermordet wurden.

2
- Anne Frank: Westerbork – Auschwitz – Bergen-Belsen
- Margot Frank: Westerbork – Auschwitz – Bergen-Belsen
- Edith Frank: Westerbork – Auschwitz
- Hermann van Pels: Westerbork – Auschwitz
- Otto Frank: Westerbork – Auschwitz
- Peter: Westerbork – Auschwitz – Mauthausen
- Auguste van Pels: Westerbork – Bergen-Belsen – Buchenwald – Theresienstadt
- Fritz Pfeffer: Westerbork – Auschwitz – Neuengamme

Zwei Mädchen jüdischer Herkunft – Lebensweisen vergleichen ▶ S. 26

1
- *Sabbat/Schabbat* ist der Ruhetag und zugleich der höchste Feiertag in der jüdischen Religion: Laut Schöpfungsgeschichte ruhte Gott am siebten Tag. Gleichzeitig wird des Auszugs aus Ägypten gedacht. Ruhen heißt, keinerlei Arbeit zu verrichten, also nichts Neues zu erschaffen. Die Juden glauben, dass sich die Welt am Schabbat in einem besonderen, heiligen Zustand befindet. Der Freitag ist der Tag, an dem man sich gründlich auf den Festtag vorbereitet. Die Wohnung wird gesäubert, eine reichhaltige Mahlzeit gekocht, der Tisch feierlich gedeckt. Kurz vor Sonnenuntergang zündet die Frau die beiden Schabbatkerzen an und sagt einen Segensspruch.
- *Pessach* ist eines der wichtigsten jüdischen Feste und erinnert an den Auszug aus Ägypten, also die Befreiung der Israeliten aus der ägyptischen Knechtschaft. Es beginnt mit dem Sederabend, an dem mit bestimmten Speisen von symbolischer Bedeutung des Auszugs gedacht wird. Das Pessachfest dauert insgesamt acht Tage.
- *Sukkot*, auch Laubhüttenfest genannt, ist ein weiteres, wichtiges jüdisches Fest. Es wird im Herbst fünf Tage nach dem Versöhnungsfest (Jom Kippur) gefeiert und dauert sieben Tage. Das Fest wird als Erinnerung an die Wüstenwanderung nach dem Auszug aus Ägypten begangen und sieht das Wohnen in Laubhütten vor. Dazu werden unter freiem Himmel im Garten, im Hof oder auf dem Parkplatz provisorische Bauten mit durchlässigem Dach aufgestellt, in denen während der Festtage die Mahlzeiten eingenommen werden oder sogar übernachtet wird.
- *Jom Kippur*, das Versöhnungsfest, ist der höchste der jüdischen Festtage. Es folgt auf das zehn Tage zuvor stattfindende Neujahrsfest und erinnert an den ersten Tag der Schöpfung, der Mensch solle sein Tun überdenken. Jom Kippur wird als Fastentag begangen.
- Der Begriff *Synagoge* entstammt dem Griechischen und bedeutet Versammlung. Traditionell finden jeweils morgens, nachmittags und abends Gottesdienste in der Synagoge statt. Es haben sich mindestens zehn religionsmündige Männer einzufinden, denen aus dem Talmud vorgelesen wird. Synagogen sind immer in West-Ost-Richtung angelegt, man liest Richtung Osten, also Richtung Jerusalem.
- *Chanukka* ist ein acht Tage dauerndes Fest und erinnert an die Wiedereinweihung des zweiten Jerusalemer Tempels. Der Taldmud berichtet von einem Wunder: Im Tempel fand sich noch ein Krug mit geweihtem Lampenöl. Dieses reichte eigentlich nur für einen Tag, brannte aber acht Tage lang, bis neues geweihtes Öl hergestellt war. Das Fest ist ein eher häusliches Fest, die Kinder erhalten Geschenke. Am ersten Abend wird eine Kerze angezündet, jeden weiteren Abend eine Kerze mehr. Verwendet wird dazu der Chanukkaleuchter, ein Kerzenleuchter mit acht Kerzenhaltern. Chanukka fällt mit der christlichen Vorweihnacht zusammen.

Feiertage	Hannah und ihre Familie	Anne und ihre Familie
Sabbatabend, Pessachabend	Sie feiert zu Hause.	Sie feiert mit ihrer Familie bei Hannahs Familie.
Sukkot	Ihre Familie baut eine Laubhütte.	Anne hilft beim Bauen, schläft mit drin.
Jom Kippur	Hannahs Familie fastet den ganzen Tag und geht in die Synagoge.	Anne und Herr Frank bereiten bei Hannah Essen vor, Mutter und Margot gehen in die Synagoge.
Chanukka	Das Fest wird gefeiert.	Anne feiert eher Nikolaus.
Schabbat	Hannah bleibt zu Hause.	Anne besucht die Schule und bringt Hannah die Hausaufgaben.
Sonstiges	Hannah besucht den jüdischen Religionsunterricht und lernt Hebräisch.	Anne lernt im Unterschied zu ihrer Schwester Margot kein Hebräisch.
Fazit	Hannah und ihre Familie sind strenggläubige Juden, an ihren Festtagen kommen die Franks zu ihnen.	Anne und ihr Vater fühlen sich dem Judentum entfernt verbunden, die Mutter und Margot pflegen ihren Glauben intensiv. Der Vater hat als Firmeninhaber ein eher liberales Vorbild abzugeben, die Mutter dagegen ist in ihrer Rolle als Hausfrau im jüdischen Glauben eine Art Stütze.

Auschwitz – Einen Sachtext und Annes Briefe in Beziehung setzen ▶ S. 27

1 *Mögliche Markierungen:*
„schreckliches Ziel" (Z. 4), „Militärfahrzeuge" (Z. 6), „ob da auch Juden wohnen" (Z. 7), „Listen" (Z. 11), „Kopfgeld" (Z. 13), „wie bei den Sklavenjagden" (Z. 14), „Reihen guter, unschuldiger Menschen" (Z. 16 f.), „kommandiert von ein paar Kerlen, geschlagen und gepeinigt, bis sie fast zusammenbrechen" (Z. 18 ff.), „niemand wird geschont" (Z. 20 f.), „Angst" (Z. 25), „den Händen der brutalsten Henker ausgeliefert" (Z. 33 f.)

2 *Mögliche Markierungen:*
„Häftlinge arbeiteten auf den Baustellen des Lagerkomplexes und in den dem Lager angeschlossenen Werkstätten, Gärtnereien und anderen landwirtschaftlichen Betrieben" (Z. 11 ff.), „in Baracken gepfercht" (Z. 20 f.), „Vergasungsanlagen" (Z. 26), „In ihnen konnten mehr als 2000 Menschen auf einmal getötet werden" (Z. 31 ff.), „die dort ansässige Industrie mit billigen Arbeitskräften versorgte" (Z. 36 ff.), „Sie wurden zum Aufbau des Lagers eingesetzt, mussten in Kiesgruben arbeiten, Baumaterialien durch den Abriss von Häusern und Bauernhöfen in der Umgebung gewinnen, Straßen und Wege im Lager planieren, Wohnblocks errichten bzw. vorhandene aufstocken" (Z. 47 ff.), „Druck ständiger Schikanen durch ihre Aufseher" (Z. 55 f.), „Am 15. Februar 1942 wurde mit der Vergasung von Juden begonnen. Ab dem 4. Juli 1942 wurden sie vorher auf der Ausladerampe des Bahnhofs Auschwitz selektiert." (Z. 58 ff.)

3 *Annes Gedanken und Gefühle:*
Bild der gefesselten Juden ohne Rechte mit vielen Pflichten, hofft auf Kriegsende und die Chance, ein Mensch zu sein, statt als Jude abgestempelt zu werden, sucht nach Verantwortlichen für diese Ausnahmesituation und findet die Antwort darin, dass Gott ihnen eine Prüfung auferlegt habe: Juden werden von Opfern zu Vorbildern, Anne ruft auf, Mut zu haben, durchzuhalten.

Die Bedeutung Gottes für Anne:
Anne selbst ist zwar nicht betroffen von diesem Elend, aber sie verharrt in Angst und fühlt sich mit den Opfern verbunden. Sie sucht nach Verantwortlichen dafür und findet diese in Gott: Er lässt die Juden so leiden und macht sie zur Ausnahme unter den Völkern.

Ideale auf dem Prüfstand – Eine Diskussion durchführen ▶ S. 29

1 Mögliche Ideale können sein: Liebe, Vertrauen, Solidarität.

2 23. 2. 44: Die Begegnung mit der Natur gibt Kraft und verschafft ein Glücksgefühl, die Natur hat die Kraft, innere Traurigkeit zu vertreiben. Reichtum und Ansehen sind vergänglich, doch das innere Glücksgefühl bleibt.
2. 3. 44: Anne philosophiert über den Begriff Liebe: Liebe bedeutet, jemanden zu verstehen, jemanden an seiner Seite zu haben, mit ihm etwas zu teilen, zu geben und zu empfangen.
15. 7. 44: Anne setzt gegen das Leid der Millionen, gegen Tod und Elend ihre Ideale und Träume und sehnt sich nach Ruhe und Frieden in der Welt.

Annes Ideale:
- tiefer Glaube an das Gute im Menschen
- Sehnsucht nach Frieden
- Leitbild von Liebe

3 *Mögliche Aspekte der Diskussion:*
- Vertrauen in die Menschheit und die eigenen Fähigkeiten kann durch Alltagserfahrungen schwinden.
- Eigene Ideale können aufgegeben werden, wenn die Solidarität unter den Menschen schwindet.
- Solidarität hängt ab von dem kleinsten gemeinsamen Nenner und der Frage, wie stark die Gruppenzugehörigkeit und damit die Einsicht ist, dass man nur gemeinsam etwas erreichen kann.

Schreiben – Die Funktion des Tagebuchs erarbeiten ▶ S. 30 f.

1
- *Anne über sich:* dreizehnjährig, unentschlossen, gelegentlich melancholisch, trübsinnig, hat seltsames Gefühl beim Schreiben, weil sie sich einiges von der Seele schreiben will, Lust am Schreiben
- *Anlass:* Anne hat zwar Eltern, Verwandte, Bekannte, Anbeter, aber kann nicht alles mit ihnen besprechen
- *Adressatin Kitty:* Ansprechpartnerin als Freundin, der sie alles anvertrauen kann
- *Bedeutung des Tagebuchs für Anne:* stellt sich Tagebuch als beste Freundin vor, mit der sie reden kann

2
- Ankündigung des Ministers Bolkestein = Motivation zur Überarbeitung ihres Tagebuchs im Sinne öffentlichen Interesses
- Faszination Schreiben: kann ihren Kummer loswerden, kann alles ausdrücken (Gedanken, Ideale)
- individuelles Leitbild: durch Schreiben weiterleben, den Lesern Freude und Nutzen bringen
- Schreiben als Ruhepol neben Familie, Kindern
- Berufsziel Journalistin

3 *Mögliche Inhalte der Diskussion:*
Solche Aufzeichnungen geben ein anschauliches Bild der Zeit, zeigen exemplarisch, wie jemand solche Ereignisse verkraftet, schneiden Themen an, die auch andere bewegen.

Didaktischer Kommentar und Lösungen

Zur Entstehung des Tagebuchs – Informationen visualisieren ▶ S. 32 f.

1 *Mögliche Markierungen in Text 1:*
„rötlich-gelb kariertes Tagebuch" (Z. 1 f.), „vom 12. Juni 1942 bis zum 5. Dezember 1942" (Z. 3), „in braunes Packpapier geschlagenes schwarzes Geschäftsbuch" (Z. 3 f.), „am 7. Dezember 1943 [...] begonnen" (Z. 4 f.), „dritte Tagebuch beginnt am 17. April 1944 und reicht bis zum 1. August 1944" (Z. 5 f.), „Durchschlagpapier" (Z. 23), „schrieb sie nun ihre eigenen Tagebücher ab" (Z. 24 f.), „Version b" (Z. 26), „Auch das fehlende Jahr ist in dieser Zweitfassung enthalten" (Z. 27), „Umarbeitung nur bis zum 29. März 1944" (Z. 30), „Zeit bis zum 1. August [...] in ihrem normalen Tagebuch (Version a), das sie die ganze Zeit weiterführte" (Z. 30 ff.)

12. 6.–5. 12. 42 = erstes Tagebuch (rötlich-gelb kariert)
ab 7. 12. 1942 = zweites Tagebuch (Geschäftsbuch)
17. 4.–1. 8. 44 = drittes Tagebuch
28. 3. 44 = Rede des Ministers, Anlass zur Überarbeitung der vorliegenden Tagebücher auf Durchschlagpapier (= Version b)
29. 3. 1944 = Datum, bis zu dem Version b reicht

Mögliche Markierungen in Text 2:
„Otto Frank schrieb einige Seiten des Tagebuchs ab" (Z. 1), „positive Resonanz" (Z. 3), „Tagebuch [...] veröffentlichen" (Z. 4), „subjektive Auswahl" (Z. 14), „gekürzte dritte Version des Tagebuchs, seine Version c, die sich aus Annes a- und b-Versionen zusammensetzte" (Z. 18 ff.)

1947 = erste Veröffentlichung des Tagebuchs im Contact Verlag Amsterdam
1950 = Veröffentlichung in Frankreich und Deutschland
1955 = Uraufführung der Bühnenversion

Mögliche Markierungen in Text 3:
1957 wurde die „Echtheit des Tagebuchs bestritten" (Z. 1), „handschriftliche Verbesserungen im Original entdeckt" (Z. 4 f.), „Verbesserungen von Otto Frank" (Z. 8), „Echtheit" (Z. 10), „Kritische Ausgabe' des Tagebuchs, die Annes Originalversion (a), ihre eigene Bearbeitung (b) und die Version Otto Franks (c) nebeneinanderstellt" (Z. 12 ff.), „neue Taschenbuchausgabe veröffentlicht, die auch die Briefe enthält, die der Vater ‚zensiert' hatte [...] Übersetzung [...] Mirjam Pressler" (Z. 14 ff.)

1957 = Echtheit des Tagebuchs bestritten
1980 = Otto Franks Verbesserungen entdeckt, dann Veröffentlichung der „Kritischen Ausgabe" mit allen drei Versionen
1992 = neue Taschenbuchausgabe mit den zensierten Briefen, auf Deutsch in der Übersetzung von Mirjam Pressler

2

Anne beginnt Version a
im rötlich-gelb karierten Tagebuch
(12. 6.–5. 12. 42)

schwarzes Geschäftsbuch
(ab 7. 12. 42)

drittes Tagebuch
(17. 4. 44–1. 8. 44)

Rede vom 28. 3. 44 motiviert
Anne zur Überarbeitung (= Version b)

Vater Otto Frank erarbeitet nach dem Krieg die
Druckfassung (= Version c)

1947 erste Veröffentlichung in den Niederlanden

Didaktischer Kommentar und Lösungen

> 1950 Tagebuch erscheint in Frankreich und Deutschland
>
> 1955 erste Bühnenfassung
>
> 1957 Echtheit bezweifelt
>
> 1980 Spuren eines Kugelschreibers gefunden, Prüfung und anschließende Herausgabe einer kritischen Ausgabe aller drei Versionen
>
> 1992 neue Taschenbuchausgabe mit zensierten Briefen

Original oder Überarbeitung? – Zwei Fassungen vergleichen ▶ S. 34 f.

1
- *Text 1:* Aufregung am Sonntagmorgen: Aufruf für den Vater, Mutter im Gespräch mit van Daan, Warten auf die Rückkehr des Vaters, Margot stellt klar, dass der Aufruf ihr gilt, Anne erinnert sich an das Thema Verstecken, beginnt die Sachen zu packen. Stilmittel: Übertreibung („scheinen Jahre zu liegen", Z. 1 f.), Spannung erzeugende Wendungen wie „plötzlich" (Z. 3), „erschrak schrecklich" (Z. 19), Ellipse („Stille" Z. 28), wörtliche Rede (Z. 22 f.), Aufzählung („das Warten auf Mutter, die Hitze, die Anspannung", Z. 30 f.), Steigerung der emotionalen Anteilnahme („Ich erschrak erneut und begann zu weinen", Z. 45 f.), rhetorische Fragen rund ums Verstecken (vgl. Z. 51 f.).
- *Text 2:* gegen drei Uhr Meldung vom Polizisten überbracht, Margot solle sich melden, Mutter holt van Pels, Absicht wegzugehen, Miep Gies und Jan bringen bis in den Abend hinein Sachen aus der Wohnung, Anne am nächsten Tag dick bekleidet, Margot fährt mit Fahrrad, Anne läuft mit Mutter zu Fuß zum Büro. Stilmittel: sachlich-berichtend, sachlich den Ablauf der Ereignisse beschreibend, indirekte Rede (Z. 9), Aufzählung der Kleidungsstücke am Körper (Z. 23 f.), Wiederholung der Konjunktion „und" (Z. 24 ff.)
- Text 1 gehört zu Version b, Text 2 zu Version a. Während in Version a ein sachlicher und knapper Ton dominiert, wird die Handlung in Version b ausgestaltet und spannend erzählt, zum Teil wird die Handlung der Spannung wegen gestrafft (Miep Gies fehlt, das Untertauchen am nächsten Tag fehlt hier). Namen sind ausgetauscht (van Pels / van Daan). Im Mittelpunkt steht nun der Erhalt des Aufrufs und die damit verbundene Aufregung.

2

Kriterium	Version a	Version b
Gemeinsamkeiten	dasselbe Datum, derselbe inhaltliche Schwerpunkt (ein Brief kommt an: Abtransport, Mutter im Kontakt mit van Daan)	
Inhalt	<ul><li>Fakten: Polizei kommt: Margot soll sich melden</li><li>Mutter benachrichtigt van Pels</li><li>Eltern hatten Besitz weggebracht</li><li>Miep Gies holte alles ab</li><li>Anne trägt viele Kleidungsstücke, läuft</li><li>Margot fährt mit Fahrrad und Schultasche ins Büro</li></ul>	<ul><li>Brief an Vater: Abtransport</li><li>Antizipation von KZ, Leiden (= innerer Protest)</li><li>Mutter und van Daan im Gespräch</li><li>Brief an Margot gerichtet</li><li>Fragen eines Mädchens: Wohin?</li><li>Beschreibung der Gefühle</li></ul>

Sprache/Stil	☐ sachlich-berichtend, objektiv (indirekte Rede, knappe Beschreibung usw.)	☐ spannend geschrieben (durch sprachliche Wendungen, rhetorische Fragen usw.) ☐ lebendig geschrieben (wörtliche Rede) ☐ Ausdruck von Gefühlen

Die „Anne-Frank-Industrie" – Stellung nehmen ▶ S. 36

1 Positives: „Millionen von Besuchern im Hinterhaus" (Z. 5 f.), „Anne-Frank-Ausstellungen [...] ziehen jährlich Hunderttausende von Besuchern an" (Z. 6 ff.), „Bildungsstätte" (Z. 26 f.)
Negatives: „Wallfahrtsort" (Z. 26), „die ‚Broadway- und Hollywood-Anne'" (Z. 28 f.), „aus den Empfindungen Kapital geschlagen" (Z. 35 f.), „Geldgier" (Z. 42)

Mögliche Funktion des Hinterhauses:
Informationsstätte, Ort der Erinnerung, Mahnmal, das zum Weiterdenken anregt

2

Argumente für den Füller mit Schriftzug	Bedenken gegen den geplanten Füller
☐ motiviert zum Schreiben ☐ verdeutlicht Annes Rolle als Schriftstellerin ☐ stellt eine Erinnerung an Anne Frank dar ☐ weckt Interesse für Anne Frank ☐ spiegelt auch die große Resonanz des Tagebuchs: übersetzt in über 50 Sprachen	☐ kitschiges Souvenir ☐ lässt vermuten, dass sich das Anne-Frank-Haus eher als Wallfahrtsort versteht denn als Informationsstätte oder Ort der Erinnerung ☐ geschmacklos, da aus Anne Franks Schicksal Kapital geschlagen wird ☐ Kommerzialisierung lenkt ab von eigentlichem Nachdenken über Anne Frank

Anne Frank und ihr Tagebuch – Einen informierenden Text schreiben ▶ S. 37

1 Die Schüler/innen sind aufgefordert, ihr individuelles Verständnis der Schriftstellerin Anne Frank in Worte zu fassen. Folgende Aspekte sind inhaltlich zu erarbeiten:
☐ Daten zur Biografie (Anne Frank, geboren am 12. 6. 1929 in Frankfurt, gestorben Anfang März 1945 im KZ Bergen-Belsen, 1934 wegen der Verfolgung durch die Nationalsozialisten mit der Familie in die Niederlande ausgewandert, in einem Hinterhaus in Amsterdam untergetaucht, schrieb Tagebuch bis zu ihrer Entdeckung und Deportation, vgl. auch die Lösungen zu S. 6 f.)
☐ die Umstände ihres Todes (vgl. die Lösung zu S. 24 f.)
☐ Angaben zu Annes Charakter (vgl. die Lösung zu S. 10–12)
☐ Informationen zum Tagebuch im historischen Kontext (Nationalsozialismus, vgl. die Lösungen zu S. 8 f., Alltag im Versteck, vgl. Lösung zu S. 20 f., Judentum, vgl. Lösung zu S. 26)
☐ markante Gedanken und Themen im Tagebuch (Annes Beziehung zu ihrer Mutter und zu Peter, vgl. die Lösung zu S. 17–19, Annes Gedanken angesichts der drohenden Gefahr, vgl. Lösung zu S. 27 f., Gott und der Glaube, vgl. Lösung zu S. 27 f., Annes Schreibmotivation, vgl. Lösung zu S. 30 f.)
☐ heutige Bedeutung des Tagebuchs (vgl. die Lösung zu S. 32 f.)

2 und **3** Hier sollten die gelieferten Hinweise umgesetzt werden.

Didaktischer Kommentar und Lösungen

Klassenarbeit 1: Einen Text produktiv umschreiben ▶ S. 38

1 Nachdem auch in den Niederlanden die ersten Maßnahmen der Nationalsozialisten gegen Juden spürbar wurden, bereiteten Anne Franks Eltern im Hinterhaus der Firma von Otto Frank ein Versteck vor, in das sie sich zusammen mit der Familie van Daan zurückziehen wollten. Als ein Brief den Abtransport androhte, packten beide Familien das Nötigste und versteckten sich im Hinterhaus.

2 „Montagmorgen um neun Uhr" (Z. 9 f.), „Katze [...] zu den Nachbarn bringen" (Z. 14 f.), „Herr Goldschmidt" (Z. 22), „Zettel" (Z. 26), „gingen wir durch alle Zimmer, deckten den Tisch ab und räumten ein bisschen auf" (Z. 16 ff.), „Adresse in Maastricht" (Z. 20), „Jugendfreund von Herrn Frank" (Z. 31), „nach Belgien und von dort in die Schweiz (Z. 35 f.)

Wer? Familie Frank
Wo? Amsterdam
Wann? Montagmorgen
Was? Flucht in die Schweiz
Warum? drohende Deportation durch die Nationalsozialisten
Wie? mit Hilfe eines ehemaligen Frontkameraden

Der Bericht sollte sachlich formuliert sein und die im Text markierten Antworten auf die W-Fragen umfassen.

Mögliche Lösung:
Wieder eine Flucht geglückt
Wieder ist einer Familie die Flucht vor den Nazis geglückt. Seit Montagabend werden der Leiter der Opekta GmbH, Otto Frank, sowie dessen Frau und seine zwei Töchter vermisst. Der Hauswart Herr Goldschmidt teilte nach eigenen Angaben mit, dass ein Jugendfreund von Otto Frank, noch aus Armeezeiten, ihnen zur Flucht über Belgien in die Schweiz verholfen habe. Nur eine Katze habe die Familie in der Wohnung zurückgelassen. Deren Jammergeschrei habe Herrn Goldschmidt stutzig gemacht, sodass er nach der Familie Frank gesehen habe. Überhaupt müsse der Aufbruch sehr überstürzt erfolgt sein, denn die Wohnung habe einen sehr unaufgeräumten Eindruck gemacht.

Klassenarbeit 2: Einen literarischen Text untersuchen ▶ S. 39

1 In welchem Verhältnis steht Hanneli zu Anne? Anne und Hanneli waren miteinander befreundet.
An welchem Ort sieht sie Hanneli? Sie sieht sie in einem Konzentrationslager.
Wie beschreibt sie Hanneli? Hanneli hat ein blasses Gesicht, flehende, sehr große Augen, sie sieht Anne traurig und vorwurfsvoll an und verlangt von ihr ihre Rettung.

2 Anne reagiert auf das Bild, das sie von Hanneli sieht, mit großer Traurigkeit, denn sie kann nicht helfen und muss untätig dasitzen. Sie zeigt damit sehr viel Empathie für das Leid der Menschen im Krieg und möchte ihrer besten Jugendfreundin gerne beistehen; sie weiß um das Elend, in dem sich Hanneli befindet. Anne macht sich Selbstvorwürfe, denn sie lebt an einem sicheren Ort. Hier fühlt sie sich verglichen mit den Opfern wie im Paradies. Doch sie fragt sich, warum sie leben darf, und spürt ein schlechtes Gewissen den Opfern der Judenverfolgung gegenüber.
Welche Rolle spielen Gott und der Glauben in diesem Zusammenhang? Anne betet zu Gott, damit dieser ihrer Freundin Hanneli hilft. Sie versteht Gott als Organisator, der das Schicksal der Menschen bestimmt. Das führt aber nicht zur Abkehr von Gott, sondern der Glauben an Gott gibt Anne zugleich innere Kraft.